职业教育汽车专业"十三五"规划系列教材

QICHE DIANGONG DIANZI JICHU

汽车电工电子基础

主　编　胡立光　周清霞

副主编　姜　虹

参　编　廖颂扬　肖丽红　朱德兴　李　颖

重庆大学出版社

内容提要

本书共有 8 个项目,包括安全用电、使用工具和仪表、识别与检测常用电路元件、搭建与测量基本电路、认识典型的电子电路、认知发电机、认知电动机和搭建典型的汽车电路。

本书图文并茂,深入浅出,通俗易懂,既可作为中等职业学校汽车类专业电工电子课程的教材,也可作为汽车维修技术人员的参考用书。

图书在版编目(CIP)数据

汽车电工电子基础 / 胡立光,周清霞主编.--重庆:
重庆大学出版社,2019.6(2023.8 重印)
职业教育汽车专业"十三五"规划系列教材
ISBN 978-7-5689-1587-8

Ⅰ.①汽… Ⅱ.①胡…②周… Ⅲ.①汽车—电工—
中等专业学校—教材②汽车—电子技术—中等专业学校—
教材 Ⅳ.①U463.6

中国版本图书馆 CIP 数据核字(2019)第 101262 号

职业教育汽车专业"十三五"规划系列教材
汽车电工电子基础
主 编 胡立光 周清霞
副主编 姜 虹
策划编辑:章 可

责任编辑:文 鹏 邓桂华   版式设计:章 可
责任校对:关德强   责任印制:赵 晟
*
重庆大学出版社出版发行
出版人:陈晓阳
社址:重庆市沙坪坝区大学城西路 21 号
邮编:401331
电话:(023) 88617190 88617185(中小学)
传真:(023) 88617186 88617166
网址:http://www.cqup.com.cn
邮箱:fxk@ cqup.com.cn(营销中心)
全国新华书店经销
重庆市正前方彩色印刷有限公司印刷
*
开本:787mm×1092mm 1/16 印张:10.75 字数:241千
2019 年 6 月第 1 版   2023 年 8 月第 2 次印刷
ISBN 978-7-5689-1587-8 定价:39.00 元

EDITORIAL BOARD 编委会

本书是中等职业教育汽车运用与维修专业课程改革系列教材之一。本书基于中等职业学校工学结合课程改革需要,依据《中等职业学校汽车运用与维修专业领域技能型紧缺人才培养指导方案》《中等职业学校汽车运用与维修专业教学指导方案》和《广东省中等职业学校汽车运用与维修专业教学指导方案(试行)》编写而成。

为了适应中等职业学校学生职业能力发展的要求,本书将基础理论与技能训练融为一体。内容选取根据专业实际要求按照必需、够用为原则,同时兼顾知识的系统性原则进行选取。编写的指导思想是:

1.以学生为主体

"以学生为主体"是从认知规律出发,尊重学生的经验,鼓励学生探究学习。强调学生在学习过程中充分发挥自己的能动作用,简单的知识通过自己的努力去发现、去掌握。

2.以能力为本位

"以能力为本位"是从解决工作问题的角度出发,选择典型的工作任务作为学习任务,学生在完成这些学习任务中学会学习和工作。

3.以行动为导向

"以行动为导向"是以学习任务为载体,学生在整个学习任务的学习过程中学会运用相关的理论知识来完成工作任务,在学习过程中以自主学习为主体。

本书在内容上突出了基础理论知识的应用和实践能力的培养。本书从典型的工作任务出发,全面、系统地介绍了汽车电工电子基础知识,内容涵盖安全用电、使用工具和仪表、识别与检测常用电路元件、搭建与测量基本电路、认识典型的电子电路、认知发电机、认知电动机及搭建典型的汽车电路。

本书共包含8个项目,各项目中的学习任务由浅入深,按学生的认知规律有梯度地排序。

全书由广州市黄埔职业技术学校胡立光、周清霞担任主编,姜虹担任副主编,廖颂扬、肖丽红、朱德兴及广东省轻工职业技术学校李颖欣参与了本书的编写。其中,周清霞编写项目一、项目四,肖丽红编写项目二,廖颂扬、周清霞编写项目三,姜虹编写项目五,朱德兴编写项目六,李颖欣编写项目七,胡立光编写项目八。全书由胡立光统稿。

　　由于时间仓促、编者水平有限,书中难免有不妥之处,恳请使用本书的教师和学生批评指正。

编　者

2019 年 1 月

CONTENTS 目 录

项目一 | 安全用电

现代生活离不开电。各种电子产品和电器设备如雨后春笋般涌入千家万户。可以说,电给人们的生活带来了许多方便,但同时也带来了危害——触电伤亡及电气火灾。作为一名技术人员,有必要懂得安全用电常识,预防事故的发生,并掌握一定的事故急救方法和措施,避免财产损失和伤亡。

项目学习任务:

```
触电的种类与形式                触电急救知识
                    安全用电
触电保护措施                  电气火灾的认识与预防
```

学习目标:

①会区分触电的种类和形式,知道电流伤害人体的影响因素和安全电压的概念;

②具备应对触电和电气火灾的急救与处理常识,能描述急救方法。

学习任务一 / 认知触电

在日常生活中用湿手触碰台灯等带电物体,或者在拔掉插头时偶尔会感觉到有针刺、麻木甚至剧痛的感觉,这就是触电的感觉。人体接触或接近带电体所引起的局部受伤或死亡的现象称为触电。如图1-1所示为3种触电的方式,哪一种危害更大? 触电事故发生后应如何处理呢?

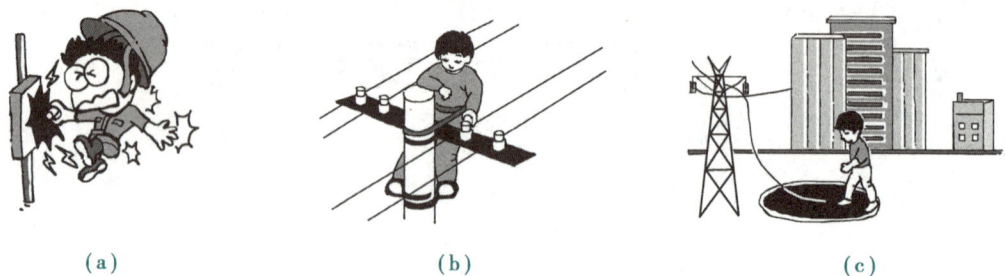

（a）　　　　　　　　　　（b）　　　　　　　　　　（c）

图1-1　触电方式

【知识准备】

一、触电的种类与形式

1.触电的种类

根据人体受到伤害的程度不同,触电可分为电伤和电击两种。

（1）电伤

电伤是指在电流热效应、化学效应、机械效应以及电流本身作用下造成的人体外伤。如图1-2所示,常见的有灼伤、烙伤和皮肤金属化等现象,图1-2（a）为高压电弧烧伤,图1-2（b）为电击伤。

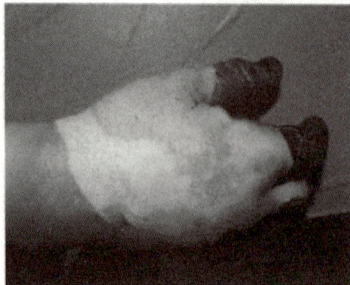

（a）高压电弧烧伤　　　　　　　　　　（b）电击伤

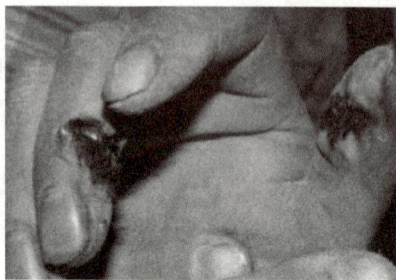

图1-2　电伤

（2）电击

电击是指电流流过人体，对内部组织造成的伤害。电击主要伤害人体的心脏、呼吸系统和神经系统，会使人痉挛、窒息、心颤、心跳骤停，乃至死亡。

2.电流伤害人体的主要因素

根据大量触电事故资料的分析和实验证明，电击所引起的伤害程度，由人体电阻的大小、通过人体的电流强度、电流流过人体的途径、作用于人体的电压及电流通过人体的时间长短等主要因素决定。工频电流 10 mA 以上、直流 50 mA 以上的电流通过人体时，触电者已不能摆脱电源脱险，有生命危险。在小于以上电流的情况下，触电者能自己摆脱带电体，但时间过长同样有生命危险。一般情况下，安全电压是指不带任何防护设备，对人体各部分组织，如皮肤、心脏、神经等没有任何损坏的电压值。国际电工委员会（IEC）规定安全电压的限定值为 50 V。我国规定 36 V、24 V、12 V 三个电压等级为安全电压级别，以供不同场所使用。安全电压的规定是从总体上考虑的，电工规程在不同的场合下应采用不同的安全电压等级。即使如此，对于某些特殊情况、某些人也不一定绝对安全。可见，即使在规定的安全电压下工作，也不可粗心大意。

3.常见的触电形式

人体的触电形式主要有单相触电、双（两）相触电、跨步电压触电等多种形式。

（1）单相触电

在低压电力系统中，人体的一部分接触带电体的同时，另一部分又与大地或零线相接，从而电流流过人体又流向大地形成回路，这种触电方式称为单相触电，此时加在人体的电压为 220 V，如图 1-3 所示。在接触电气线路时，若不采用防护措施，一旦电路或者绝缘损坏漏电，将引起间接的单相触电。若站在地上，误接触裸露的金属部分，则造成直接的单相触电。

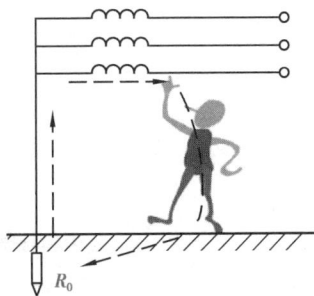

（2）双（两）相触电

人体的不同部位同时接触两相电源带电体而引起的触电称为双相触电，如图 1-4 所示。对于这种触电形式，人体所承受的是线电压 380 V，比单相触电时电压更高，更加危险。

图 1-3　单相触电

（3）跨步电压触电

当外壳接地的电气设备绝缘损坏而使外壳带电，或导线断落在地上时，电流由设备外壳经接地线、接地体（或由断落的导线经接地点）流入大地，向四周扩散，在导线接地点及周围形成强电场，人处于该电场中因两脚之间承受电压而导致的触电，称为跨步电压触电，如图 1-5 所示。当发现电气设备出现接地故障或者有导线断线落地时，应远离该范围区域 20 m 以上。一旦不小心步入该范围区域内且感觉到有跨步电压时，应立即并拢双脚（或用单脚）跳着离开该区域。

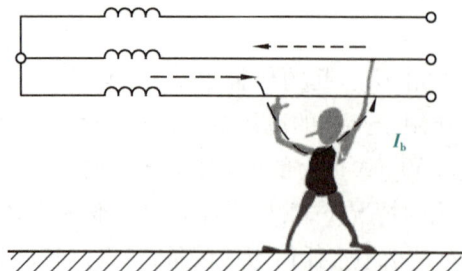

图 1-4　双相触电

图 1-5　跨步电压触电

二、触电急救与处理

触电急救现场抢救必须做到迅速、就地、准确、坚持。要抢救迅速和救护得法。触电急救必须争分夺秒,立即使触电者脱离电源,如伤势很重应立即拨打 120 电话,在等待医护人员到来的过程中开展救护。一般来说,触电急救主要包含以下步骤(见图 1-6):脱离电源、意识判断、呼吸/心跳判断、心肺复苏法等。

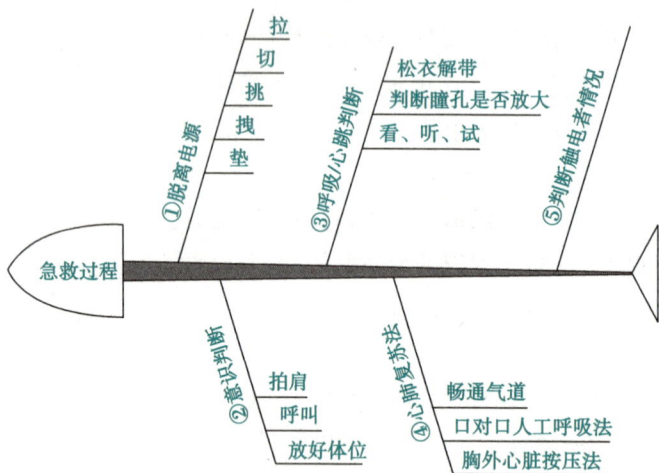

图 1-6　触电急救过程

1.使触电者尽快脱离电源

一旦发现有人触电,要做到不惊慌,首要的任务是使触电者尽快脱离电源,在切断电源的同时还应避免自身触电。在脱离电源的过程中,如触电者在高处,要防止脱离电源后跌伤而造成二次受伤;施救人员救人时,应注意自身安全,尽量穿戴绝缘手套、鞋,并站在干燥绝缘的地方进行救护,以免自身发生触电。触电现场的情况不同,使触电者脱离电源的方法也不一样。脱离低压电源的方法,一般可用"拉""切""挑""拽"和"垫"5 字来概括,见表 1-1。如发现有人高压触电,应立即电话通知供电部门拉闸停电,由专业人员进行施救。

表 1-1　脱离低压电源的方法

施救方法	具体措施	图　示
拉	附近有电源开关或插座时,应立即拉下开关或拔掉电源插头	拔掉插座　　　拉下电闸
切	若一时找不到断开电源的开关时,应迅速用绝缘完好的钢丝钳或断线钳剪断电线,以断开电源	剪断连接的电线
挑	对于由导线绝缘损坏造成的触电,急救人员可用绝缘工具、干燥的木棒等将电线从触电者身上挑开,或用干燥的绝缘绳套拉导线或触电者,使之脱离时应防止带电导线断落触及周围的人体	用干燥木棍挑开电线
拽	抢救者可戴上手套或在手上包缠干燥的衣服等绝缘物品拖拽触电者;也可站在干燥的木板、橡胶垫等绝缘物品上,用一只手将触电者拖拽开来。注意拖拽时切勿触及触电者的体肤,不要用两只手同时去拽触电者	采取绝缘保护下单手拽开触电者
垫	如果触电者由于痉挛手指紧握导线或导线缠绕在身上,救护人可先用干燥的木板塞进触电者身下使其与大地绝缘来隔断电源,然后再采取其他办法把电源切断	用干燥的木板塞进触电者身下

2.意识判断

触电者脱离电源后,如果神志清醒,但感觉头晕、心悸、出冷汗、恶心、呕吐等,应使其就地躺平,严密观察,暂不要站立和走动。

如触电者神志不清,应就地仰卧,且保证气道畅通,并用 5 s 的时间呼叫伤员或轻拍肩部,以判定伤者是否意识丧失,切勿摇动头部呼叫。若需要医生抢救,应立即联系医院前来救治。处于昏迷状态的触电者,在医护人员来到之前,可先作下一步的判断。

3.呼吸和心跳判断

对昏迷的触电者进行呼吸和心跳的判断方法见表 1-2。

表 1-2　呼吸和心跳的判断方法

施救步骤	具体措施	图　示
松衣解带	将脱离电源的触电者迅速移至通风、干燥处，平躺仰卧，松开上衣和裤带	
判断瞳孔是否放大	观察触电者的瞳孔是否放大。当处于假死状态时，人体大脑细胞严重缺氧，处于死亡边缘，瞳孔自行放大。注意，不管判断结果如何，在医护人员到来之前，均不能放弃施救，且只有医生才有权利宣布死亡	瞳孔正常　瞳孔放大
看	看触电者胸部或腹部有无因呼吸而产生的起伏	
听	用耳朵贴近触电者的鼻孔处，听有无呼吸气声音	
试	试测鼻口处有无呼吸气流，再用两手指轻触喉结旁凹陷处的颈动脉有无搏动	

4.心肺复苏法

常用的心肺复苏法有口对口人工呼吸法和胸外心脏按压法。根据触电者的呼吸和心跳情况，主要有 3 种情况，针对不同的情况采取相应的措施，见表 1-3。

表 1-3　心肺复苏法及其适用情形

急救方法	适用对象	详细操作	图　示
口对口人工呼吸法	适用于"有心跳、无呼吸"的触电者	将触电者仰卧，颈部枕垫软物，头部偏向一侧，松开衣服和裤带，清除触电者口中的血块、假牙等异物，以保持呼吸道通畅。抢救者跪在病人的一边，使触电者的鼻孔朝天	清理口腔阻塞　鼻孔朝天头后仰
		用一只手捏紧触电者的鼻子，另一只手托在触电者颈后，将颈部上抬，深深吸一口气，用嘴紧贴触电者的嘴，大口吹气，持续 2 s	贴嘴吹气胸扩张
		吹气后，放松捏着鼻子的手，让气体从触电者肺部排出，如此反复进行，每 5 s 吹气一次，坚持连续进行，直到触电者苏醒为止或医护人员来为止	放开嘴鼻好换气

续表

急救方法	适用对象	详细操作	图　示
胸外心脏按压法	适用于"有呼吸、无心跳"的触电者	将触电者仰卧在硬板上或地上,颈部枕垫软物使头部稍后仰,松开衣服和裤带,急救者跪在触电者一侧,或跪跨在触电者腰部	
		急救者将右手掌根部按于触电者胸骨下 1/3~1/2 处,中指指尖对准其颈部凹陷的下缘,当胸一手掌,左手掌复压在右手背上	压区 中指对凹膛　当胸一手撑　　掌根用力向下压
		按压时双手成垂直姿势,对成人掌根用力下压 3~5 cm,然后突然放松。按压与放松的动作要有节奏,每分钟100~120 次。触电者如是儿童,可用一只手按压,用力要轻一些以免损伤胸骨。必须坚持连续进行,不可中断	
		在向下按压的过程中,就将肺内空气压出,形成呼气。停止按压,放松后,由于压力解除,胸廓扩大,外界空气进入肺内,形成吸气	放松时,心脏因静脉回流而充盈
同时采用两种方法	适用于"无呼吸、无心跳"的触电者	一人急救:两种方法应交替进行,先按压心脏15 次,再做人工呼吸两次,交替进行,且速度都应快些	
		两人急救:应1 人先按压心脏5 次,另一人再进行人工呼吸1 次,交替进行	
注意事项		①禁止乱打肾上腺素等强心针; ②禁止冷水浇淋; ③在施救过程中,一边施救,一边观察触电者的反应	

【任务实施】

①请写出对如图 1-7 所示触电的分析与判断,并将结果填入表 1-4 内。

图 1-7　触电

表 1-4　触电分析与判断

触电类型判断	
判断依据	
施救方法正确与否	
正确的施救方法	

②将全班分成几个小组,每个小组排练一段触电急救情景小剧,上台展示,并完成表 1-5 的填写。

表 1-5　触电急救步骤与措施

触电急救的一般步骤及主要措施	注意事项

★小提示

　　如果你不是专业电工人员或者医护人员,如遇到触电情况,应量力而为。一般情况下,不建议非专业人员对触电者进行心肺复苏法的急救措施。遇到此类情况,可第一时间帮忙报警或拨打120急救电话。

【任务评价】

　　请完成表1-6的评价项目。

表1-6　学习任务评价表

评价内容	记录要点
在本次学习任务中,你主要学到了哪些知识和技能	触电的种类和形式□　　触电保护的措施□ 切断电源的方法□　　　触电急救的一般步骤□ 人工呼吸和心脏按压法的适用场合□
在本次学习中主要还存在什么问题	
简述需切断电源的几种情况及方法	
在学习过程中,你主动参与了哪些任务?请举例	

【任务拓展】

触电保护措施

　　为了避免触电,电气系统中设置有安全保护措施。电气安全保护措施通常采用接地的方式。所谓接地,是指将电气装置中某一部位经接地线和接地体与大地作良好的电气连接。为了防止有人触碰到漏电设备的金属外壳而发生间接触电事故,通常采用保护接地和保护接零措施。此外,家庭用电中通常还用漏电保护装置来进行触电保护。

　　1.保护接地

　　保护接地是将电动机、变压器等电器设备的金属外壳经接地线和电阻很小的接地体与大地可靠地连接起来,主要应用于中性点不接地或不直接接地的电网中(IT系统)。它的工作原理就是并联电路中的小电阻(保护接地电阻)对大电阻(人体电阻)的强分流作用。如图1-8所示,当电气设备的绝缘损坏使外壳带电时,接地短路电流经接地体 R_E 和人体同时流过。人体的电阻要比接地电阻 R_E (一般≤4 Ω)大数百倍,流经人体的电流也比流过接地体的电流小数百倍。当接地电阻极小时,流过人体的电流几乎等于零。

2.保护接零

保护接零是将电器设备的金属外壳接地零线(或称为中性线)上,适用于中性点接地的低压电网中(TT 系统)。电气设备正常工作时,零线不带电,外壳与电源零线连接,人体触摸设备外壳并没有危险。当电动机等设备发生"碰壳"故障时(见图1-9),金属外壳将相线与零线直接接通,单相接地故障变成单相短路。短路电流的数值足以使安装在线路上的熔断器或其他过流保护装置动作,从而切断电源。保护接零的有效性在于线路的短路保护装置能否在碰壳短路故障发生后灵敏地迅速切断电源。

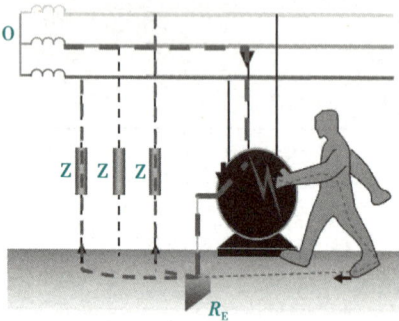

图 1-8　保护接地措施

图 1-9　保护接零措施

3.漏电保护装置

普通民用住宅的配电箱通常采用漏电保护装置来防止家用电器的漏电及人身触电事故。漏电保护装置常用的有漏电保护开关和漏电保护插座等(见图1-10),特点是在检测与判断到触电或漏电,且达到保护器所限定的动作电流值时,在限定的时间内动作,立即自动切断电源。

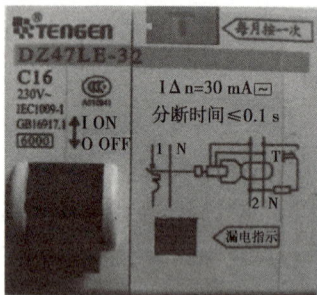

(a)漏电保护开关

(b)漏电保护插座

图 1-10　漏电保护装置

【任务测试】

一、单选题

1.让触电者脱离电源的"拖、拉、挑、拽、垫"中的"拖",正确的做法是(　　　　)。

A.用绝缘物体系住漏电物体,将其拖离现场

B.用绝缘物体系住触电者,将其拖离带电物体

C.救人重要,没多余时间做防护,立即用手握住触电者,将其拖离带电物体

2.发现家里有人发生触电意外时,首先应该(　　　)。

A.敲邻居家的门,向邻居求救

B.拨打 110 电话报警求救

C.切断家里的电源总开关

3.人体直接碰触带电设备或线路的一相导体时,电流通过人体而发生的触电现象称为

(　　　)。

A.单相触电　　　　　B.两相触电　　　　　C.电伤

4.电对人体的伤害程度与通过人体的(　　　)大小和持续的时间有关。

A.电阻　　　　　　　B.电压　　　　　　　C.电流

二、多选题

1.低压触电意外时,可采用(　　　)方式迅速将触电者脱离带电物体。

A.就近切断电源,再拉开触电者

B.用手抓住触电者潮湿的衣服,将其拖离带电物体

C.用干燥的铁钳将电线从触电者身上挑开

D.用干燥的木棍将触电者推离带电物体

2.触电形式可分为(　　　)。

A.相间触电(即两相间触电)

B.单相触电(相线与零线或相线与地触电)

C.跨步电压触电

D.静电触电

3.发现触电者无呼吸,进行人工呼吸抢救的措施有(　　　)。

A.清除触电者口内异物

B.让触电者头向后仰,畅通气道

C.口对口吹气

D.让触电者呼气

4.我国的安全电压额定值有(　　　)V。

A.42　　　　　　　B.36　　　　　　　C.24　　　　　　　D.12

5.触电急救的方针是(　　　)。

A.断电　　　　　B.迅速　　　　　C.就地　　　　　D.正确　　　　　E.坚持

6.电击是由于电流通过人体内而造成内部器官在(　　　)。

A.心理上的变异　　　　　　　　B.心理上的损害

C.生理上的反应　　　　　　　　D.生理上的病变

7.影响人体触电后果的因素有(　　)以及作用于人体的电压等多种因素。

　　A.电流强度　　　　　　　　　　B.触电的持续时间　　　　　C.电流的频率

　　D.电流通过人体的部位和途径　　E.触电者的身体状况

8.以下做法中,存在潜在用电危险的是(　　)。

　　A.在潮湿的淋浴间使用电吹风机

　　B.电热水器采用带漏电保护功能的电源插头

　　C.将电饭锅原有的三脚电源插头换成只有两脚的

　　D.使用劣质的电器产品

三、判断题

1.触电者心跳停止,但呼吸尚存,可用胸外心脏按压的方法抢救。　　　　　　　　(　　)

2.在医护人员赶来前,触电者经同伴用心肺复苏法抢救超过 1 h 后仍然无呼吸无心跳,可认为触电者已经死亡。　　　　　　　　　　　　　　　　　　　　　　(　　)

3.安全电压并不是绝对安全的,只是用较低的电压来降低触电的后果。　　　　(　　)

4.某同学直接用手搬动正在运转的电风扇,这一操作存在安全隐患。　　　　　(　　)

5.导线绝缘层损坏后,如果不是特别严重可以不用恢复绝缘。　　　　　　　　(　　)

∕ 学习任务二 ∕ 认知电气火灾

电气火灾是指由电气原因引发燃烧而造成的灾害,在火灾事故中占有很大比例。电气火灾除可能造成人身伤亡和设备损坏外,还可能造成电力系统停电,给国民经济造成重大损失。防范电气火灾是安全工作的重要内容之一。

【知识准备】

一、电气火灾发生的原因

电气线路由于短路、过载运行、接触电阻过大等原因,产生高温、电火花和电弧,从而造成火灾。

1.短路

电气线路的火线与零线、火线与地线碰在一起,引起电流突然大量增加的现象称为短路,也称为碰线、混线或连线。短路时,其瞬间的发热量很大,大大超过了线路正常工作时的发热量,并在短路点产生强烈的火花和电弧,使绝缘层迅速燃烧,金属熔化,引起附近的易燃、可燃物的燃烧,造成火灾。如图 1-11 所示为易产生短路的情况。

2.过载(过负荷、超负荷)运行

电气线路中允许连续通过而不致使电线过热的电流量称为安全载流量或安全电流。如

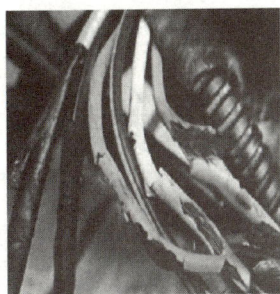

(a)电线的绝缘老化　　　　(b)绝缘受到机械损伤　　　　(c)架空电线与树木接触

图 1-11　各种短路原因

果导线流过的电流超过安全电流值,就称为导线过载;如果电气设备超过了额定功率,就称为设备过载,如图 1-12、图 1-13 所示均为过载现象。一般导线的最高允许工作温度为 65 ℃。当导线过载时,导体和绝缘物局部过热,达到一定的温度时,会引起导线的绝缘发生燃烧,并引燃导线附近的可燃物,从而造成火灾。日常生活中的过载情况多数为设备或导线随意装接,在线路中接入过多或功率过大的电器设备,超过了配电线路的负载能力,造成超载运行。

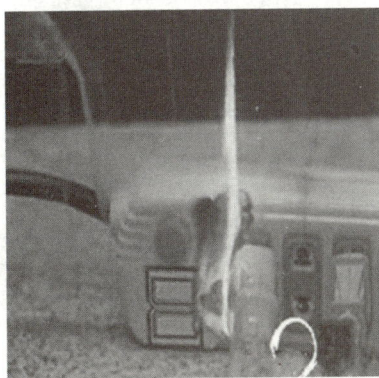

图 1-12　插座过载引燃绝缘物　　　　图 1-13　被过载电流烧毁的电路元件

3.接触电阻过大

凡是导线与导线,导线与开关、熔断器、仪表、电气设备等连接的地方都有接头,在接头的接触面上形成的电阻称为接触电阻。电流通过接头时会发热,如果接头处理良好,接触电阻不大,则接头点的发热就很少,可以保持正常温度。若可拆卸的接头连接不紧密或由于震动变松,会导致接头发热,当电流通过接头时,就会在此处产生大量的热量,形成高温,使金属变色甚至熔化,引起导线的绝缘层发生燃烧,并引燃附近的可燃物或导线上积落的粉尘、纤维等,从而造成火灾。

二、电气火灾灭火

1.发生电气火灾后的一般处置方法

火灾发生后,电气设备和电气线路可能是带电的,如不注意,可能引起触电事故。根据现场条件,可以断电的应断电灭火,无法断电的则带电灭火。发生电气火灾后的一般处置措施见表1-7。

表 1-7　电气火灾的一般应对方法

序号	主要操作内容	图示
1	首先应迅速设法切断电源,避免救火过程中导致人身触电	
2	利用现场备有的消防器材和带电灭火器材及时灭火。切勿泼水灭火或使用泡沫灭火器灭火	
3	自备消防器材难以扑灭时,立即拨打119火警电话,简要说清楚火灾地点、时间、燃烧物。有条件的到路口引导消防车,争取消防车、消防人员尽早赶到现场灭火、救人	
4	报完警后,被困人员要保持镇静,不要惊慌,不盲目行动,选择正确的逃生方法	
5	发生火灾后,容易产生浓烟,遇到浓烟时要马上停下来,千万不要试图从浓烟中冲出,在浓烟中采取低姿势爬行	

2.灭火器的使用方法

发生火灾后,为防止火灾扩大,往往来不及断电或其他原因不能断电而需要带电灭火。带电灭火应采用带电灭火剂,如二氧化碳、四氯化碳、二氟一氯一溴甲烷（简称为1211）、二氧二溴甲烷或干粉灭火剂等。泡沫灭火器的灭火剂有导电性能,只能用来灭明火,不能用于带电灭火。

灭火器的使用方法见表1-8。

表1-8　灭火器的使用步骤

步骤	操作内容	图示	步骤	操作内容	图示
1	提起灭火器	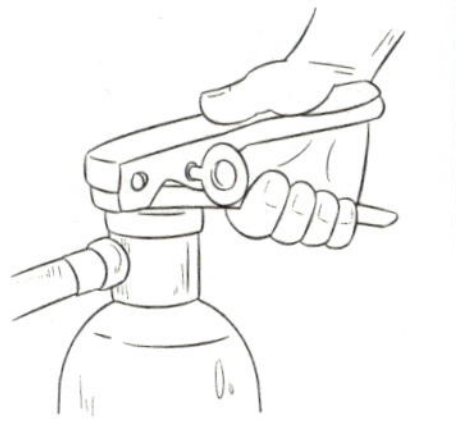	5	向火源根部喷洒	
2	拉开安全插销	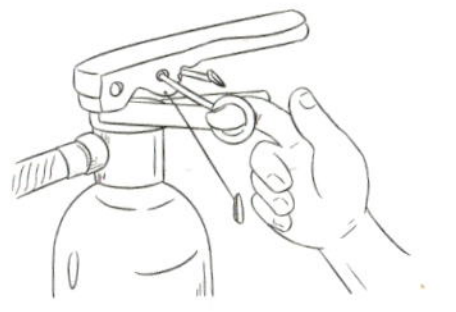	6	左右移动扫射	
3	握住皮管,朝向火苗	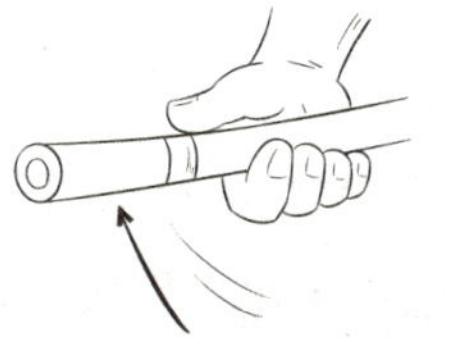	7	熄灭后用水冷却余烬	
4	用力压下手柄	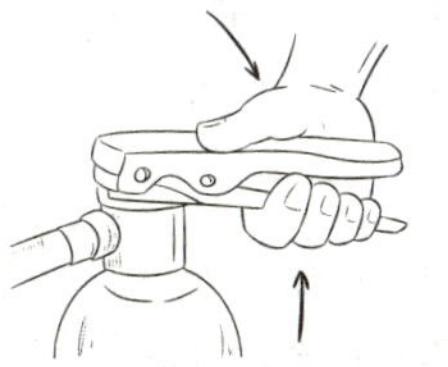	8	保持监控,确定熄灭	

【任务实施】

①综合所学知识,请你归纳遇到电气火灾该如何自救,填入表1-9中。

表1-9　电气火灾自救措施

序　号	电气火灾自救措施	注意事项
1		
2		
3		
4		
5		

②将全班分成几个小组,每个小组排练一段火灾情景小剧,并上台展示。

【任务评价】

请完成表 1-10 的评价项目。

表 1-10　学习任务评价表

评价内容	记录要点
在本次学习任务中,你主要学到了哪些知识和技能	电气火灾的发生原因□　　电气火灾的灭火方法□ 电气火灾的应急处理□　　灭火器的使用□
在本次学习中主要还存在什么问题	
简述灭火器的使用方法	
在学习过程中,你主动参与了哪些任务?请举例	

【任务拓展】

家用电器防火

家用电器发生火灾主要原因在于:使用不当、产品质量差、产品设计不合理、防火措施少。具体问题主要有:家用电器长期受潮,引起绝缘老化或机械损伤,产生短路;家用电器过多,同时用电造成过负荷;由于安置、使用不当或家用电器出现故障等直接造成可燃物燃烧;使用年限过长,超过产品保质期;使用完后没有切断电源等。

家用电器的防火措施有:

①必须按照产品使用说明书中的要求设置或安装。

②经常检查和保养,发现问题及时解决(及时更换电源线、及时清除其污物和灰尘)。

③放在干燥、远离热源的地方。

④家用电器过热时应停止使用,严禁用水降温。

⑤电炉、电熨斗(见图 1-14)应安装在离可燃物质较远的地方。

⑥家用电器旁严禁堆放各种易燃物品。

⑦用完后、停电后均应及时关掉电源。

图 1-14　电熨斗

⑧特殊防护要求,如电视机防雷保护;洗衣机不宜长期放在潮湿环境中,以免发生绝缘老化。

【任务测试】

一、单选题

1.发生火灾时,向外求援的最佳办法是(　　)。

　　A.打 110 电话　　　　　B.打 120 电话　　　　　C.打 119 电话

2.当发现电气火灾时,错误的做法是(　　)。

　　A.立即切断电源,然后用灭火器灭火

　　B.立即通知相关人员

　　C.立即用灭火器灭火,火灭完后才能切断电源

3.关于灭火器的描述,正确的是(　　)。

　　A.由于买回来是新的,又没有使用过,一定是好的

　　B.定期检查是否良好

　　C.只要外观没有破损,灭火器一定是好的

4.电气设备,如正在旋转的电机发生火灾时,不可使用(　　)灭火器灭火。

　　A.泡沫　　　　　　　　B.干粉　　　　　　　　C.二氧化碳

5.使用灭火器灭火时,应将灭火器的喷嘴对准(　　)喷洒。

　　A.火焰根部　　　　　　B.火焰顶部　　　　　　C.烟雾弥漫的地方

6.为预防电气火灾,一般建议(　　)。

　　A.不购买灭火器,需要时用水灭火

　　B.购买泡沫灭火器备用

　　C.购买干粉灭火器备用

二、多选题

1.通常造成电气火灾的原因有(　　)。

　　A.电路短路、过载　　　　　　　　B.设备绝缘老化

　　C.电路产生火花或电弧　　　　　　D.电路接触电阻增大

2.室内发生火灾时,当发现有人员身上着火应(　　)。

　　A.用扇子扇灭着火人员身上的火　　　　B.将棉被打湿盖在着火人员身上

　　C.叫着火人员就地打滚压灭火焰　　　　D.立即打开窗户让着火人员跳窗逃生

三、判断题

1.发生电气火灾时,可不切断电源,立即用灭火器材灭火。　　　　　　　　(　　)

2.电气设备(用具)长期不用时,最好切断电源。　　　　　　　　　　　　(　　)

3.电气火灾一旦发生,应立即用水扑救。　　　　　　　　　　　　　　　　(　　)

4.用灭火器灭火时,人应站在下风处手持灭火器灭火。　　　　　　　　　　(　　)

5.过载只是引起设备过热,长期过载不会对电气设备造成任何影响。　　　　(　　)

项目二 | 使用工具和仪表

汽车维修技术有"三分技术,七分工具"之说,可见工具对汽车维修的重要性。随着电子技术在汽车上的广泛应用,汽车维修过程中检修工具及检测仪器的使用也更加频繁。正确使用工具和仪表是维修人员应具备的基本素质和技能。本项目将对汽车维修电工中常用的工具和仪表进行学习和使用。

项目学习任务:

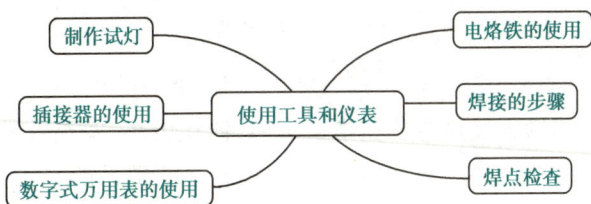

```
制作试灯                          电烙铁的使用

插接器的使用      使用工具和仪表      焊接的步骤

数字式万用表的使用                  焊点检查
```

学习目标:

① 会选用焊接材料及正确使用电烙铁;

② 会根据焊接基本步骤及操作要领焊接导线;

③ 会对焊点进行检查并掌握拆焊技能;

④ 会正确使用万用表;

⑤ 会制作试灯;

⑥ 会正确使用电路插接器。

学习任务一　使用电烙铁

汽车上很多电器设备在使用过程中因振动造成连接导线松动、脱落,在维修时需要对连接导线进行连接,焊接是常用的连接方法。若连接导线与器件脱落,请用电烙铁将导线进行焊接。

【知识准备】

一、焊接工具

1.电烙铁

电烙铁是用来熔解焊锡,进行元件及导线焊接的工具,在电子制作和电器维修中经常用到。电烙铁通常分为内热式和外热式,其结构如图 2-1 所示。

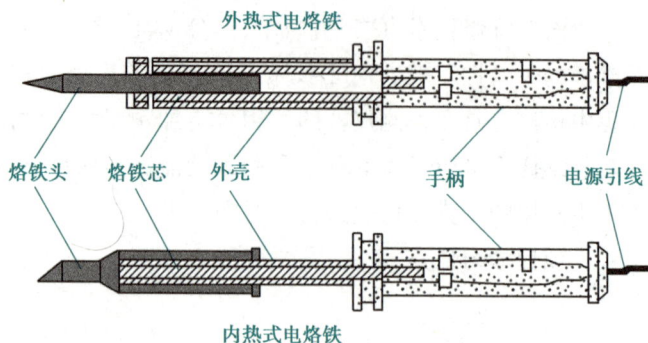

外热式电烙铁

烙铁头　烙铁芯　外壳　　　手柄　　电源引线

内热式电烙铁

图 2-1　电烙铁的结构

内热式电烙铁的发热芯装在烙铁头内,体积较小,发热效率较高,而且更换烙铁头也较方便,热损失小,如图 2-2(a)所示。内热式电烙铁常见的有 16 W、20 W、35 W 、50 W 这 4 种,电子制作和电路板维修多选用 35 W。

外热式电烙铁的发热芯在烙铁头的外面,它既适合于焊接大型的元器件,也适用于焊接小型的元器件。由于发热电阻丝在烙铁头的外面,有大部分的热散发到外部空间,因此加热效率低,加热速度较缓慢,一般要预热 2~5 min 才能焊接,如图 2-2(b)所示。

外热式电烙铁有 25 W、30 W、40 W、50 W、60 W、75 W、100 W、150 W、300 W 等多种规格。大功率的电烙铁通常是外热式的,汽车发电机整流板的焊接一般选用 500 W 的外热式电烙铁。

电烙铁的握法见表 2-1。

（a）内热式电烙铁 　　　　　　（b）外热式电烙铁

图 2-2 电烙铁

表 2-1 电烙铁的握法

电烙铁的握法		适用类型
反握法		用五指把电烙铁的柄握在掌内。此法适用于大功率电烙铁,焊接散热量大的被焊件
正握法		此法适用于较大的电烙铁,弯形烙铁头一般也用此法
握笔法		用握笔的方法握电烙铁。此法适用于小功率电烙铁,焊接散热量小的被焊件,如焊接收音机、电视机的印制电路板等

2.焊接用品及辅助工具

焊接用品及辅助工具见表 2-2。

表 2-2 焊接用品及辅助工具

名 称	图 片	作 用
焊锡		焊接时用于填加到焊缝、堆焊层和钎缝中的金属合金材料

续表

名　称	图　片	作　用
松香		助焊剂、去除氧化物
吸锡器		把多余的锡除去
电烙铁支架		可以放置工作中的电烙铁；电烙铁暂时不用时，有利于散热，电烙铁头不易烧坏；确保安全性，不易引起烫伤物品或火灾

二、手工焊接步骤

手工焊接一般包含 6 个步骤，见表 2-3。

表 2-3　手工焊接步骤

第一步：准备施焊		左手拿焊丝，右手握电烙铁，进入备焊状态。要求烙铁头保持干净，无焊渣等氧化物，并在表面镀一层焊锡
第二步：加热焊件	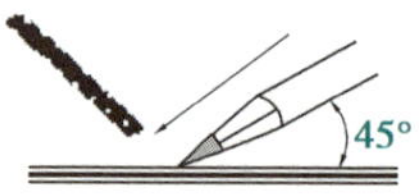	电烙铁头靠在两焊件的连接处，加热整个焊件全体，时间为 1 ~ 2 s。对于在印制板上焊接元器件，要注意使电烙铁头同时接触两个被焊接物，导线与接线柱、元器件引线与焊盘要同时均匀受热
第三步：送入焊丝		焊件的焊接面被加热到一定温度时，焊锡丝从电烙铁对面接触焊件
第四步：移开焊丝	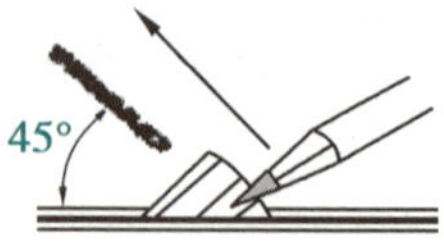	当焊丝熔化一定量后，立即向左上 45°方向移开焊丝

续表

第五步： 移开烙铁		焊锡浸润焊盘和焊件的施焊部位以后，向右上 45°方向移开电烙铁结束焊接，从第三步开始到第五步结束，时间为 1~2 s
第六步： 电烙铁断电		断开电源后把电烙铁放在支架上冷却，避免直接接触电烙铁

三、对焊点质量的要求

①焊点要有足够的机械强度，保证被焊件在受到振动或冲击时不致脱落、松动。不能用过多焊料堆积，这样容易造成虚焊、焊点与焊点的短路。

②焊接可靠，具有良好导电性，必须防止虚焊。虚焊是指焊料与被焊件表面没有形成合金结构，只是简单地依附在被焊金属表面上。

③焊点表面要光滑、清洁，焊点表面应有良好光泽，不应有毛刺、空隙，无污垢，如图2-3、图 2-4 所示。尤其是不能留下焊剂的有害残留物质，要选择合适的焊料与焊剂。

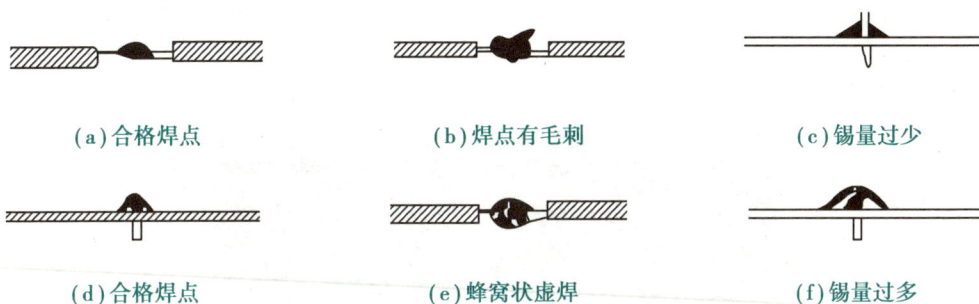

(a)合格焊点　　　　　(b)焊点有毛刺　　　　　(c)锡量过少

(d)合格焊点　　　　　(e)蜂窝状虚焊　　　　　(f)锡量过多

图 2-3　焊点质量 1

(a)合格焊点　　　　(b)焊点有毛刺　　　　(c)蜂窝状虚焊

图 2-4　焊点质量 2

四、手工焊接操作的注意事项

①保持电烙铁头的清洁，焊接时电烙铁头长期处于高温状态，很容易氧化并沾上一层黑色杂质，要注意用湿海绵随时擦拭电烙铁头，在长时间未使用时应在电烙铁头上加上锡，防

止电烙铁头氧化造成无法粘锡。

②靠增加接触面积来加快传热加热时,应该让焊件上需要焊锡浸润的各部分均匀受热,而不是仅仅加热焊件的一小部分。

③电烙铁的撤离要及时,而且撤离时的角度和方向与焊点的形成有关。

④在焊锡凝固之前切勿使焊件移动或受到振动,否则极易造成焊点结构疏松或虚焊。

⑤助焊剂用量要适中,过量使用松香焊剂,焊接以后势必需要擦除多余的焊剂,并且延长了加热时间,降低了工作效率,当加热时间不足时,又容易形成"夹渣"的缺陷。

⑥元器件焊接之前要分清极性和安放位置,注意绝对不能放反位置或放反极性;否则可能会造成不良后果,如电解电容爆炸或电路不能正常工作等故障现象。

五、拆焊的方法

在调试、维修过程中,或由于焊接错误要对元器件进行更换时,需要拆焊。拆焊方法不当,往往会造成元器件的损坏、印制导线的断裂或焊盘的脱落。良好的拆焊技术,能保证调试、维修工作顺利进行,避免由于更换器件不得法而增加产品故障率。

汽车元器件拆焊的方法如下:

- 用气囊吸锡器进行拆焊。
- 用专用拆焊电烙铁拆焊。
- 用吸锡电烙铁拆焊。

【任务实施】

①完成如图 2-5 所示的导线连接。

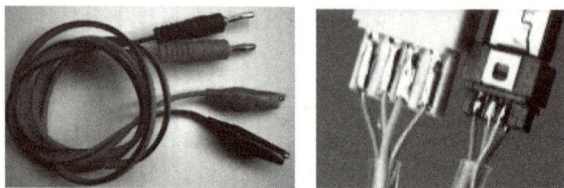

图 2-5　元件与导线焊接

②选择元件与导线连接过程中焊接所需的工具和器材填入表 2-4 中。

表 2-4　任务器材表

请你选择所需工具、器材,在对应的□中打"√"
内热式电烙铁□　外热式电烙铁□　焊锡□　松香□　导线□　助焊剂□　日光灯□　剥线钳□ 电烙铁架□　电路元件□

③根据所选工具和器材,简单写出焊接的步骤。

★小提示

焊接是一门技术活,要精工出细活,同学们要多练习几次才能焊出好作品。

★思考

焊接时如何能够做到又快又好?

【任务评价】

请完成表 2-5 的评价项目。

表 2-5　学习任务评价表

评价内容	记录要点
在本次学习任务中,你主要学到了哪些知识与技能	电烙铁说明书的正确使用□　工具、器材的选择□　预热电烙铁□　焊接操作□　找出焊接缺陷□　安全操作监督□　结果判断□
在本次学习中主要还存在什么问题	
在使用电烙铁之前,有什么方法可以检测电烙铁头是否完好	
在学习过程中,你做了哪些安全操作?请举例	

【任务拓展】

请利用课余时间学习电路板焊接的方法,并尝试使用电烙铁焊接电路,如图 2-6 所示。

图 2-6　焊接

【任务测试】

一、选择题

1.电烙铁手握方法有如图 2-7 所示的 3 种,将正确的选项填入图下的括号中。

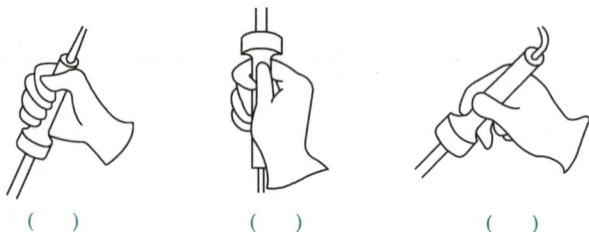

（　　）　　　　　　　　（　　）　　　　　　　　（　　）

图 2-7　电烙铁的握法

　　A.正握法　　　　　　　B.握笔法　　　　　　　C.反握法　　　　　　　D.拳握法

2.下列哪项不属于常见影响焊点质量优劣的因素?（　　　）

　　A.焊锡材料　　　　　　B.烙铁温度　　　　　　C.工具的清洁　　　　　D.烙铁的牌子

3.从放电烙铁到焊件上至移去电烙铁,整个过程以（　　　）为宜。

　　A.1~2 s　　　　　　　B.5 s 以上　　　　　　C.15 s　　　　　　　　D.不超过 5 s

二、简答题

1.使用电烙铁焊接过程中的安全注意事项有哪些?

2.优质的焊点应具备哪些条件?

／学习任务二／　使用万用表

图 2-8　电源线

万用表是电工、电子技术中最常用的仪表,是一种多功能、多量程的测量仪表。它用途广泛,不但是电子电路安装、调试和维修的必备仪表,而且在日常生活中被广泛用于测量电压和检测一些元器件的好坏。要学会万用表的使用。现实验室发现有一台设备不通电,通过初步判断,可能是电源线内部出现了问题,如图 2-8 所示。请你使用万用表检测出这根电源线是否存在内部断路的故障。

【知识准备】

万用表按显示方式分为指针式万用表和数字式万用表。一般万用表可测量直流电流、直流电压、交流电压和电阻等。

一、指针式万用表

指针式万用表是一种多功能、多量程的测量仪表,可测量直流电流、直流电压、交流电流、交流电压、电阻和音频电平等。MF-47 型指针式万用表表面结构如图 2-9 所示。

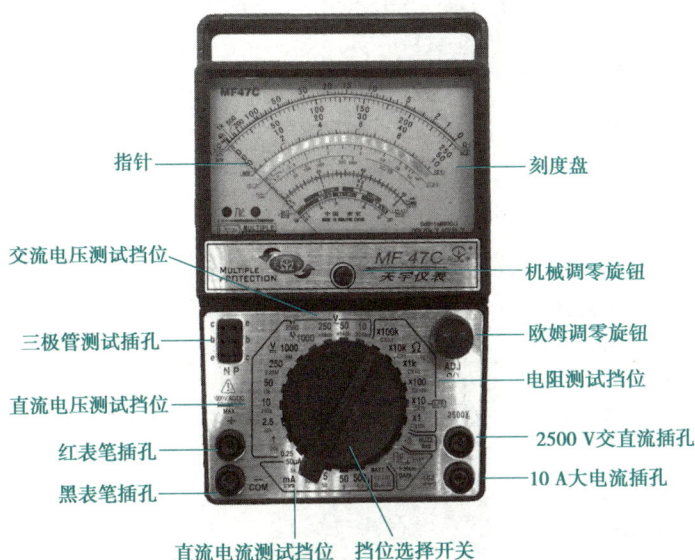

图 2-9 指针式万用表结构

二、数字式万用表

数字式万用表是一种新型式的电工测量工具,具有很高的灵敏度和准确度,显示清晰直观,功能齐全,性能稳定。数字式万用表具有精准度高、灵敏性好、容易读数、过载性能强、操作简单、便于携带等优点。目前汽车电气维修中多数使用数字式万用表。

1.数字式万用表的作用

数字式万用表能测量交流电压、直流电压、交流电流、直流电流、电阻、二极管、电容等。

2.数字式万用表面板的结构

数字式万用表主要由数字电压表、测量电路、量程转换开关等组成,以 DT9205A 为例,如图 2-10 所示为其面板。

液晶显示屏 —— 型号DT9205A

数据保持按钮
信息锁定键 —— 电阻200 Ω~200 MΩ

二极管蜂鸣挡 —— 电源开关(按钮)

直流电流2 mA~20 A —— 直流电压200 mV~1 000 V

交流电流2 mA~20 A —— 交流电压200 mV~750 V

电容2 nF~200 μF —— HFE三极管电流放大倍数 β

Cx电容测量插孔 —— NPN、PNP插孔

200 mA~20 A红表笔插孔 —— 电压、电阻、二极管红表笔插孔

2 mA~200 mA红表笔插孔 —— 公共、接地端黑表笔插孔

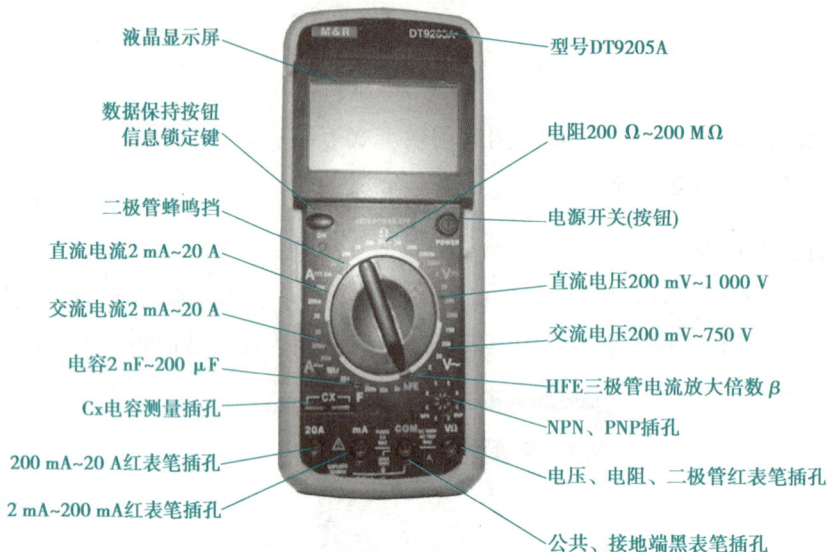

图 2-10　数字式万用表面板

若要进行某参数测量时,需将功能选择旋钮旋至该参数测量区域,并合理地选择挡位量程后便可进行测量。数字式万用表功能选择旋钮如图 2-11 所示。

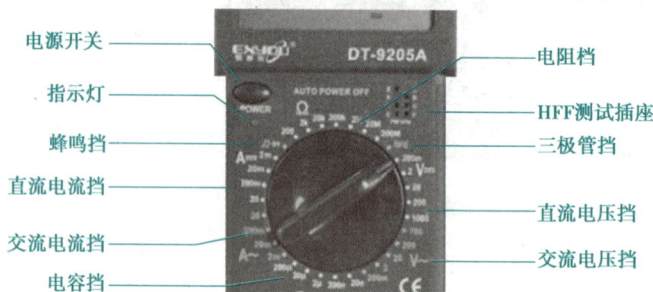

电源开关 —— 电阻挡

指示灯 —— HFF测试插座

蜂鸣挡 —— 三极管挡

直流电流挡 —— 直流电压挡

交流电流挡 —— 交流电压挡

电容挡

图 2-11　功能选择旋钮

3.数字式万用表使用时的注意事项

①量程开关应置于正确测量位置。

②检查表笔绝缘层应完好,无破损和断线。

③红、黑表笔应插在符合测量要求的插孔内,保证接触良好。

④输入信号不允许超过规定的极限值,以防电击和损坏仪表。

⑤液晶显示 ▱ 符号时,应及时更换电池,以确保测量精度。

⑥如果事先对被测电压范围没有概念,应将量程开关转到最高挡位,然后根据显示值再转至相应挡位上。

⑦改变量程时,表笔应与被测点断开。

⑧未测量时小电压挡有残留数字,属正常现象不影响测量;如测量时高位显"1",表明已超过量程范围,须将量程开关转至较高挡位上。

⑨测量完毕应及时关断电源,长期不用时应取出电池。

4.数字式万用表操作口诀

①看——拿起表笔看挡位。

②扳——对应电量扳到位。

③试——瞬间试挡位。

④测——测量稳定记读数。

⑤复位——放下表笔及复位。

5.蜂鸣器的功能

蜂鸣器的功能是万用表的附加功能,一般是当测量阻值为 50 Ω 以下的线路(或电阻)时,内置蜂鸣器发声。这个功能在实际应用中作用很大,可以提高测量线路通断的工作效率,是电子检修的必备功能。测量步骤如下:

①将黑表笔插入"COM"插孔,红表笔插入"VΩ"插孔。

②将量程开关置于"·)) ─▷├─"挡位。

③将表笔跨接在欲测线路两端。当两点之间的电阻值小于 50 Ω 时,蜂鸣器便会发出声响。

注意:被测电路必须在切断电源状态下检查通断,因为任何负载信号都可能会使蜂鸣器发声,导致错误判断。

三、使用数字式万用表检测元件

使用数字式万用表可测量电压、电流,也可以测量元器件的好坏。以检测电源线为例,说明利用万用表蜂鸣挡检测元件(或电路通断)的方法,见表2-6。

表 2-6　数字式万用表测量直流电压的主要步骤

步骤	图示	主要操作内容	注意事项
1		数字式万用表的检查(检查外观、检查要检测的电压是否在万用表的检测范围内等)	使用前,应认真阅读有关的使用说明书,熟悉电源开关、量程开关、插孔;检查外观是否有破损、电池盒是否能合上,电压的测量范围标注在插孔旁边
2		按下 POWER 键,打开万用表电源,检查 9 V 电池。如果电池电压不足,将显示在显示器上,这时则需更换电池	当显示"─┤├─""BATT"或"LOW BAT"时,表示电池电压低于工作电压
3		将黑表笔插进"COM"孔,红表笔插进"VΩ"孔	测试笔插孔旁边的符号,表示输入电压或电流不应超过指示值,这是为了保护内部线路免受损伤

续表

步骤	图示	主要操作内容	注意事项
4	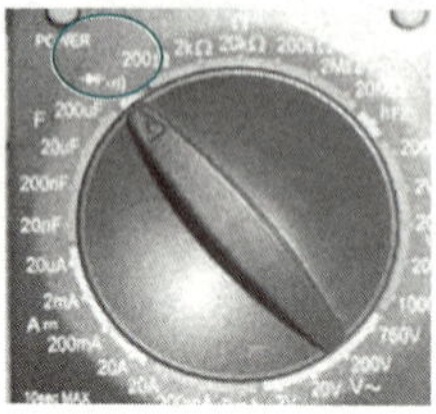	将功能开关置于二极管蜂鸣挡"·))) ⊸⊳⊢"	不用分极性
5	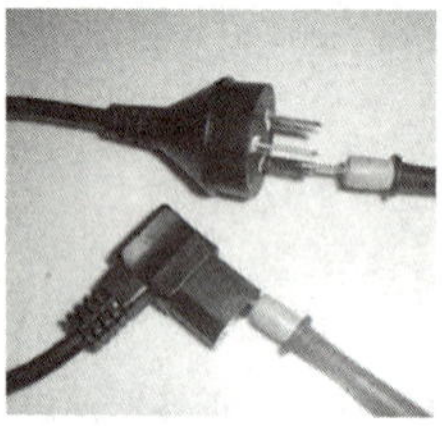	将测试表笔连接到待测电源线上对应的金属片和插孔内	电源插头的 3 个金属片分别对应插座上的地线、火线和零线,应区分电源线的火线和零线,要分别测量两次
6		当线路为通路时显示为 0.08 以内,同时二极管会蜂鸣一声	若读数为 1,即无穷大,表示内部断路,此时万用表没有鸣叫声
7		测量完毕,应将量程开关拨到最高电压挡,并再次按 POWER 键,关闭电源	如果长期不使用,还应将万用表内部的电池取出来,以免电池腐蚀表内其他器件

【任务实施】

①将完成任务所需的仪表和器材填入表 2-7 中。

表 2-7　任务器材表

请你选择所需仪表、器材,在对应的□中打"√"
干电池□　小开关□　电阻□　电源线□　导线□　指针式万用表□　数字式万用表□

②综合所学知识,请你归纳一下蜂鸣挡的使用特点。

③根据两次以上的测量过程,记录结果,写出你的判断依据,填入表 2-8 中。

表 2-8　测量结果

序号	判断结果	判断依据
1		
2		
3		

【任务评价】

请完成表 2-9 的评价项目。

表 2-9　学习任务评价表

评价内容	记录要点
在本次学习任务中,你主要学到了哪些知识与技能	仪表、器材的选择□　万用表面板识读□　数字式万用表的检查□　功能挡位的选择□　使用万用表检测电源线□　使用万用表检测小开关□　数据记录□
在本次学习中主要还存在什么问题	
在本次学习中,你还使用过蜂鸣挡检测小开关(好坏或引脚的通断)吗?如果有,请你简单描述其过程和现象	
在学习过程中,你做了哪些安全操作?请举例	

【任务拓展】

请在课余时间学习数字式万用表欧姆挡的用法,并尝试用欧姆挡检测元器件的好坏。

【任务测试】

简答题

1.如图 2-12、图 2-13 所示中的测量方法正确吗? 如不正确,请指出错误的地方。

2.简述万用表蜂鸣挡的作用。

图 2-12　测量电阻

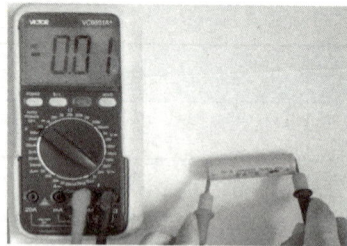

图 2-13　测量直流电压

学习任务三　使用试灯、插接器与卡扣

　　试灯是汽车电路维修的常用工具,它能够通过"发光"这一可视化的手段直接体现电路的健康状态。在汽车电路中,部件与导线的连接是通过插接器实现的。汽车电路检修过程中,经常要通过插接器接通和断开电路进行检测。熟练使用试灯、插接器是汽车维修人员电路检测必备的素质。

【知识准备】

一、试灯

1.试灯的组成

试灯主要由试灯、导线、搭铁夹和绝缘手柄的探针或各种型号的端头组成,如图 2-14所示。

2.试灯的使用

试灯使用简单、直观,在汽车维修中广泛使用于电路的检测。汽车电路采用负极搭铁,试灯在使用时只需将搭铁夹夹住汽车车身的金属部位就相当于接在电池的负极。

（1）测量电路是否有电,是否存在断路

如图 2-15 所示,将试灯搭铁夹连接电池的负极或者搭铁,另一端探针与被测电气部件线路连接点连接。若探针测量 A 点时试灯亮,则说明有电;若灯不亮,说明电路没电。若测量 A 点试灯亮,测量 B 点试灯不亮,则说明 A、B 中间有断路。

（2）利用试灯可以检测信号线路中是否有信号存在

试灯可以通过其有规律的闪烁,检测电信号是否正常,如汽车点火系的霍尔信号。

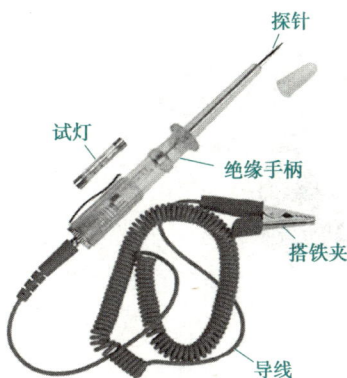

图 2-14　试灯的组成

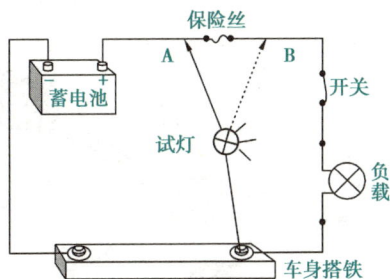

图 2-15　试灯的使用

★小提示

试灯不能取代电压表,它只能显示是否有电压,不能显示电压的高低。

二、插接器、卡扣

1.插接器结构

插接器又称连接器,是用在线束之间或者在线束和电气组件之间,提供电气连接的元件。它由插头和插座组成,如图 2-16 所示。为了使插接器连接牢固,不易松脱,一般插接器都带有卡扣。

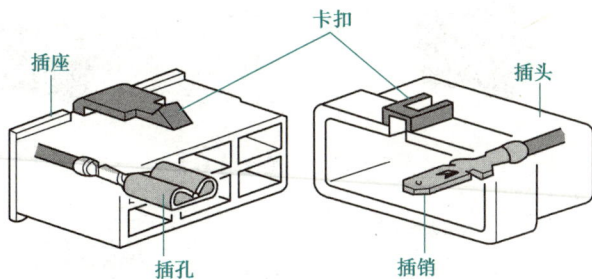

图 2-16　插接器的结构

插接器一般有线和线插接器、线和组件插接器两种,如图 2-17 所示。

常见的插接器形状如图 2-18 所示。

2.插接器的使用

插接器在插接时,应把插接器的导向槽重叠在一起,使插头与插座对准,然后平行插入卡扣将其锁止,如图 2-19 所示。拆开插接器时,应拉起或压下卡扣解锁,再断开插接器。

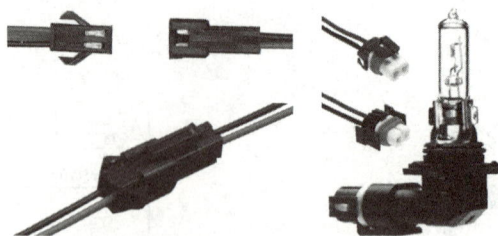

图 2-17　插接器类型

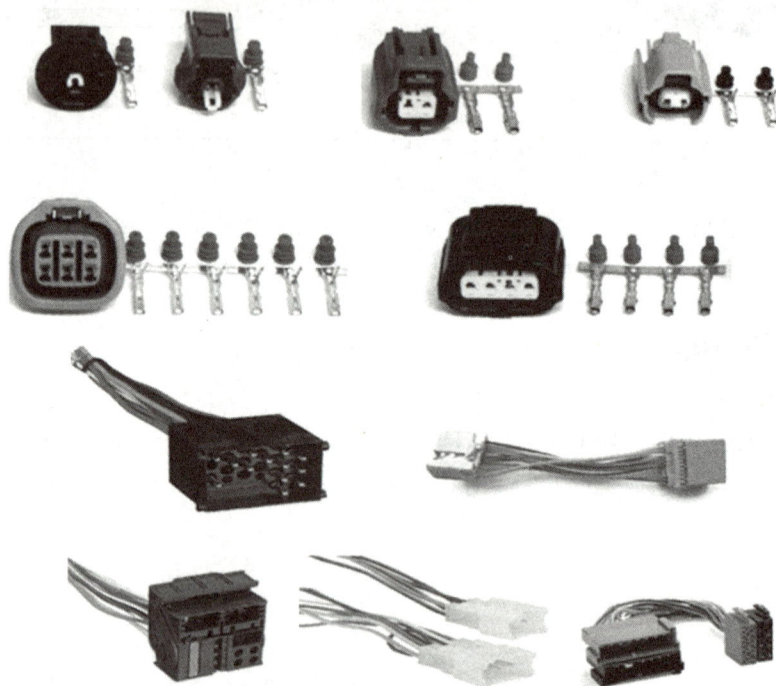

图 2-18　常见插接器

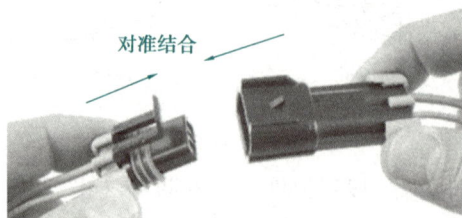

对准结合

图 2-19　插接器的结合

★小提示

未解锁时绝不可以用力猛拉导线,否则会拉坏插接导线。

各种插接器卡扣的拆卸如图2-20所示。

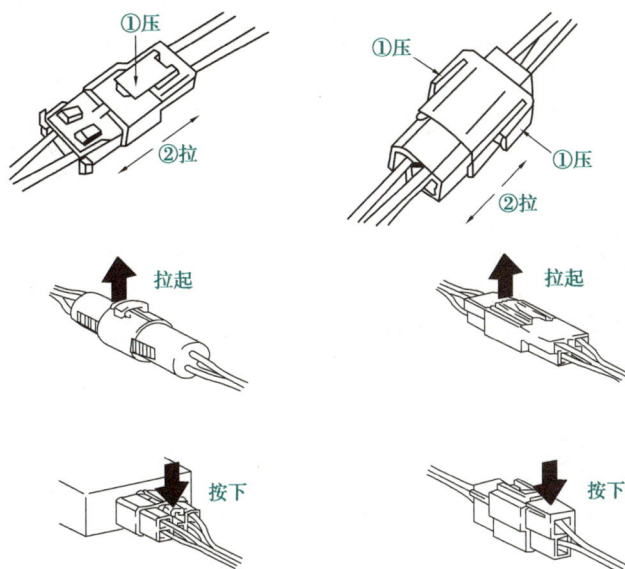

图 2-20 插接器的拆卸

3.插接器接线端子的编号

在汽车电路系统中,所有电器零件、线路配线、插接器、继电器等之间的关系都用编码来表示。每一插接器和插销都标有代码和编号。排除故障时,按代码和编号来确定连接器和插销的位置。如图 2-21 所示,插接器的插座接线端子的编号为从上排左至下排右的次序进行编号;插接器的插头接线端子的编号为从上排右至下排左的次序进行编号。

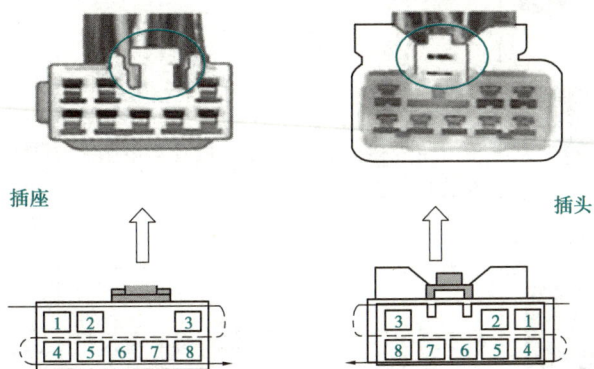

图 2-21 插接器接线端子的编号

三、试灯、插接器端子的制作

试灯和插接器端子在实际使用中普遍、简单,通常可以手工制作。

试灯制作步骤见表2-10,插接器端子制作见表2-11。

表 2-10　制作直流试灯的主要步骤

步骤	图示	主要操作内容	注意事项
1		选用高亮度发光二极管	发光二极管具有单向导电性,两个引脚分别为阳极与阴极,其中长引脚为阳极,短引脚为阴极
2		使用万用表蜂鸣挡测试发光二极管是否能使用,红表笔连接阳极,黑表笔连接阴极,正向测量结果为导通。调换两表笔,反向测量应为不通,二极管方可使用	选用蜂鸣挡。正、反向都要测量
3	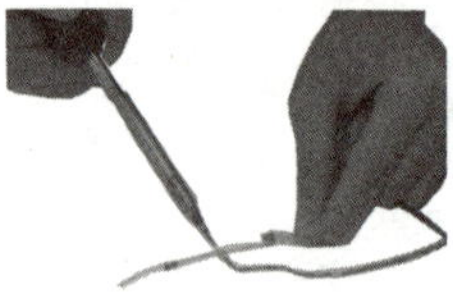	将一电阻与发光二极管阴极焊接	焊接电阻与发光二极管,焊接牢固可靠
4	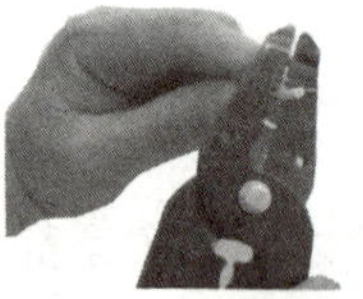	使用剥线钳将连接导线两端剥离,一端与鳄鱼夹焊接	导线剥离长度合适
5	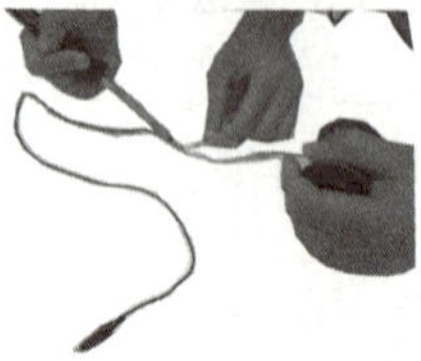	导线另一端与电阻焊接	焊接牢固,避免脱落
6	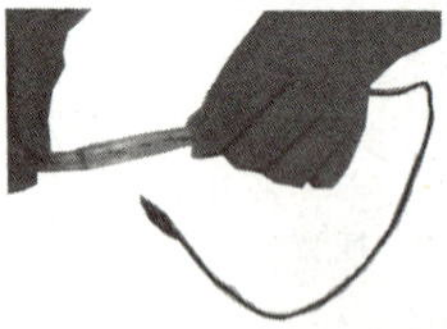	将组装焊接完成的发光二极管与电阻装入透明笔套内	发光二极管的阳极安装笔套前端作为试灯的测量表笔端,鳄鱼夹作为测量的搭铁端
7	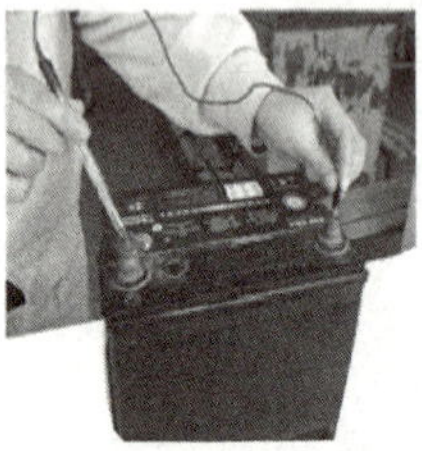	将自制的试灯测试蓄电池。将鳄鱼夹接蓄电池负极,二极管阳极接蓄电池正极。试灯亮,证明蓄电池有电;否则蓄电池没电	试灯金属部位用绝缘胶布包裹。手指不能接触试灯金属部分

表 2-11 制作汽车插接器端子的主要步骤

步骤	图示	主要操作内容	注意事项
1	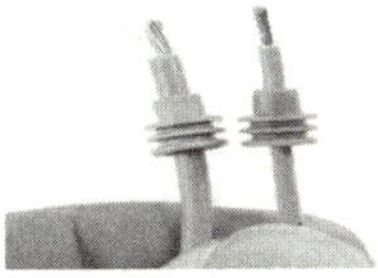	剥离绝缘套并套上密封圈	选择尺寸正确的密封圈,防止压接时滑动
2	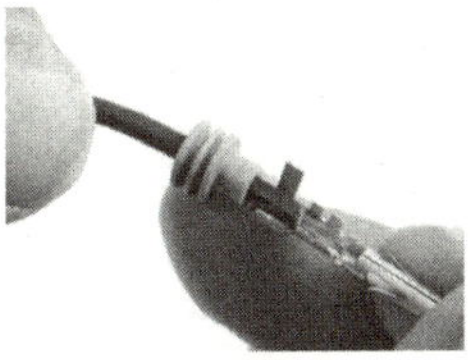	检查铜线的长度	必要时进行修整
3	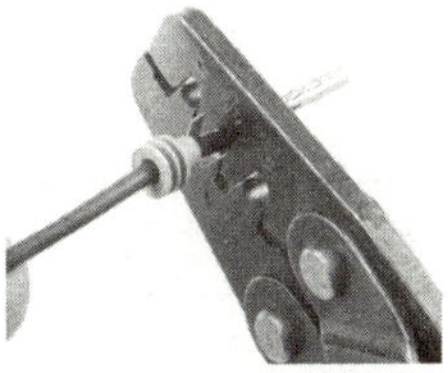	选用合适的端子压线钳压制端子	挤压压线钳的手柄用以压制端子
4	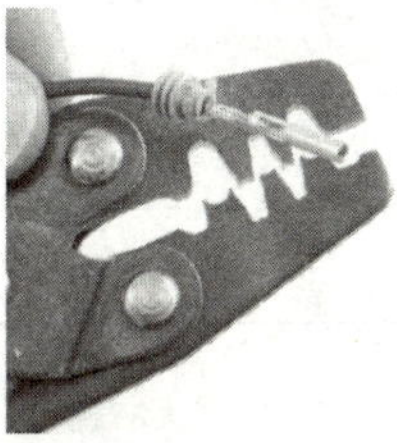	检查端子压制的质量	检测端子压制的质量,必要时重做端子

【任务实施】

一、制作直流试灯

①将完成任务所需的工具、仪表和器材填入表 2-12 中。

表 2-12 任务器材表

请你选择所需材料、工具,在对应的□中打"√"
透明笔套□ 鳄鱼夹□ 发光二极管□ 发光二极管(高亮度)□ 电阻□ 电阻(80~600 Ω)□ 粗导线□ 细导线□ 数字式万用表□ 电烙铁□ 焊锡丝□ 剥线钳□

②根据所选元件和器材,画出需要连接电路的电路图。

发光二极管图形符号    电阻符号

电路图：

③制作试灯。

④检查试灯,观察结果,将实际情况填入表 2-13 中。

表 2-13　试灯检验表

操作内容	结果(填"是"或"否")
是否会判断发光二极管的阴阳极	
焊接是否结实牢固	
测量有电的蓄电池试灯是否亮	
判断:试灯是否制作成功	

二、制作插接器

①将完成任务所需的工具、仪表和器材填入表 2-14 中。

表 2-14　任务器材表

请你选择所需材料、工具,在对应的□中打"√"
密封圈□ 端子□ 压线钳□ 锁片□ 导线□ 数字式万用表□ 电烙铁□ 焊锡丝□ 剥线钳□ 插头□

②制作端子。

③观察端子压制的情况,并用自制的试灯检查端子的导通情况,将实际情况填入表 2-15中。

表 2-15　端子质量检查表

操作内容	结果(在对应的□中打"√")		
端子压制质量	 良好□	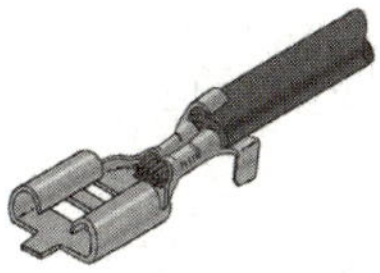 损坏□	 弯曲□
绝缘层压制情况	 良好□	 刺穿□	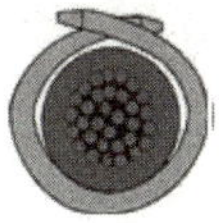 松旷□
使用试灯测试情况	试灯亮□　　试灯灭□		

④更换插接器中端子。

a.练习打开插接器,并观察插接器端子的编号。

b.更换损坏的端子。

【任务评价】

请完成表 2-16 的评价项目。

表 2-16　学习任务评价表

评价内容	记录要点
在本次学习任务中,你主要学到了哪些知识与技能	材料、工具的选择□　试灯电路的组成分析□　焊接电路□ 压制端子□　卡扣锁止和断开□　测量试灯□　结果判断□
在本次学习中主要还存在什么问题	
讲述判断发光二极管好坏的方法	
讲述插接器端子的制作步骤	
在学习过程中,你做了哪些安全操作?请举例	

【任务拓展】

请你尝试使用所制作的试灯检测一条线路是否存在断路? 画出测试原理图。

【任务测试】

一、选择题

1.以下不是试灯作用的是( )。

   A.检查线路是否有电压　　　　　　B.检测线路是否存在断路

   C.检测信号线路中是否有信号存在　　D.测量电路的电压大小

2.试灯制作没有用到的材料与工具有（ ）。

   A.数字式万用表　　　　　B.电烙铁　　　　　C.电阻　　　　　D.小灯泡

二、简答题

1.简述试灯的作用。

2.插接器在使用中应注意哪些问题？

项目三 | 识别与检测常用电路元件

电路元件在汽车上的应用十分广泛,其质量的优劣对汽车电路的工作稳定性有极大影响。电路元件是指在工厂生产加工时不改变分子成分的成品。如电阻器、电容器、电感器等,因为它本身不产生电子,它对电压、电流无控制和变换作用,所以又称为无源器件。作为一名汽车维修人员,应该全面地掌握各种电路元件的种类、作用与标志方法,还要能使用万用表对各种电路元件进行正确测量并对其使用性能作出评价。

项目学习任务:

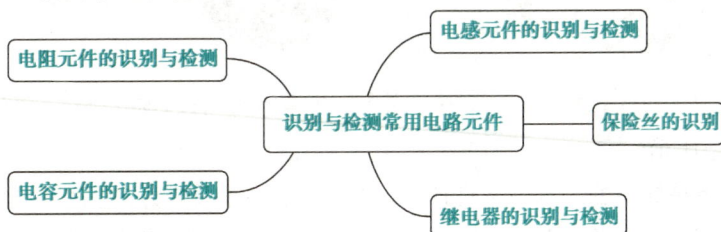

```
电阻元件的识别与检测          电感元件的识别与检测

            识别与检测常用电路元件          保险丝的识别

电容元件的识别与检测          继电器的识别与检测
```

学习目标:

①能识别常见的电阻元件,说出几种特殊电阻的名称,并按要求对电阻进行检测;

②能识别各种电容元件,利用万用表观察电容的充放电现象,并对电容的性能进行判断;

③能识别电感元件,对电感进行检测,知道变压器的基本结构及作用;

④能识别保险丝,说出保险丝的作用;

⑤能说出继电器的结构组成,并对继电器进行检测。

学习任务一　识别与检测电阻元件

电阻器是电子、电器设备中常使用的一种基本电子元件,在电子设备中占元件总数的 30% 以上,在我们日常生活中随处可见,如照明灯、风扇、电视机等电器中。如图 3-1 所示为某家电的部分电路板,该电路板中有 8 个以上的电阻元件,这些电阻元件分别有何特点呢?

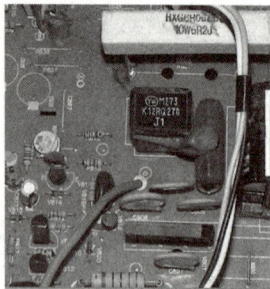

图 3-1　电路板

【知识准备】

一、电阻基本知识

当电流流过导体时,导体对电流的阻力作用称为电阻。在电路中起电阻作用的元件称为电阻器,简称电阻。电阻是电子线路中应用很广的电子元件之一,电阻没有极性。电阻是耗能元件,它吸收电能并将电能转换成其他形式的能量。电阻的主要作用是限流、分压、作为负载使用、与电容配合作滤波器及阻抗匹配等。电阻元件是从实际电阻器中抽象出来的,如灯、电炉等。电阻器及其在电路中的图形符号如图 3-2 所示。

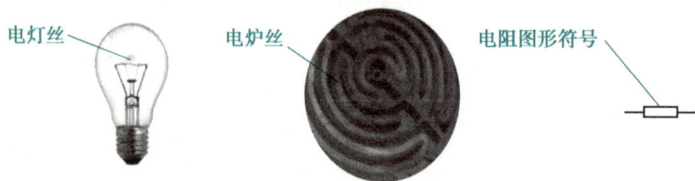

图 3-2　电阻器及电路符号

1.电阻值

电阻是导体的一种基本性质,反映了导体的导电能力,它的大小与导体的材料、长度,以及横截面面积有关,还与导体所处的环境温度有关。电阻用字母 R 表示。实验结果表明,在保持温度不变的条件下,导体的电阻跟导体的长度成正比,跟导体的横截面积成反比,并与导体的材料性质有关。电阻计算公式如下:

$$R = \rho \frac{l}{S}$$

式中　ρ——导体电阻率,$\Omega \cdot m$;

　　　l——导体长度,m;

　　　S——导体横截面面积,m^2。

电阻 R 的单位是欧[姆],通常用希腊字母 Ω 表示。常用的电阻单位有 kΩ(千欧)、MΩ

（兆欧）等，其换算关系如下：

$$1 \text{ M}\Omega = 10^3 \text{ k}\Omega = 10^6 \text{ }\Omega$$

除此以外，导体的电阻值还可以用欧姆定律计算和利用万用表测量得出。

2.电阻的分类

电阻器的种类有很多，按阻值特性可分为固定电阻、可调电阻和特殊电阻（敏感电阻）；按制造材料可分为碳膜电阻、金属膜电阻、线绕电阻等；按安装方式分为插件电阻、贴片电阻。阻值是出厂固定、不能调节的，称为固定电阻；阻值可以调节的，称为可调电阻；主要应用于电压分配的可调电阻，称为电位器。部分常用电阻器类型见表3-1。

表3-1　电阻器的分类

电阻类型		电阻的结构和特点	实物图片
固定电阻	碳膜电阻 RT	碳沉积在瓷棒或者瓷管上，形成一层结晶碳膜。改变碳膜厚度和用刻槽的方法变更碳膜的长度，可以得到不同的阻值。碳膜电阻成本较低，性能一般	（土黄色）
	金属膜电阻 RJ	用真空蒸发的方法将合金材料蒸镀于陶瓷棒骨架表面。金属膜电阻比碳膜电阻的精度高，稳定性好，噪声小，温度系数小	（蓝色）
	线绕电阻 RX	用高阻合金线绕在绝缘骨架上制成，外面涂有耐热的釉绝缘层或绝缘漆。具有较低的温度系数，阻值精度高，稳定性好，耐热耐腐蚀，主要作精密大功率电阻使用	
	水泥电阻	采用陶瓷材料封装，内部为电阻丝绕制，电阻丝与引脚采用压接方式，在负载短路时可以在压接处迅速熔断，在电路中起限流保护作用。它广泛应用于计算机、电视机、仪器、仪表音响	
	熔断电阻	熔断电阻器又称保险丝电阻。在正常情况下，和普通电阻器具有一样的功能；在电流过大时，它的阻值变得很大或者断路，使设备不过载	
	排阻	排阻又分并阻和串阻，是若干个参数完全相同的电阻，它们的一个引脚都连到一起，作为公共引脚，其余引脚正常引出。如果一个排阻是由 n 个电阻构成的，那么它就有 $n+1$ 只引脚，公共引脚在排阻上一般用一个色点标出来。用于上拉、限流。和普通电阻一样，相比而言简化了 PCB 的设计、安装，减小空间，保证焊接质量	

续表

电阻类型		电阻的结构和特点	实物图片
固定电阻	贴片电阻（SMD Resistance）	贴片电阻的电阻体采用玻璃铀材料经过高温烧结而成，电极采用银钯合金浆料。特点：体积小，精度高，稳定性好，高频性能好	
可调电阻	普通电阻	阻值可以调整的电阻器，用于需要调节电路电流或需要改变电路阻值的场合	
	电位器	电位器是一种可调电阻，其中，1、3两端为固定端，2为中心抽头。调节电位器转轴，可以改变电路的输出电压与电流的大小	
特殊电阻	光敏电阻	光敏电阻又称光导管，常用的制作材料为硫化镉等。这些制作材料具有在特定波长的光照射下，其阻值迅速减小的特性	
	压敏电阻	压敏电阻是一种以氧化锌为材料，对电压敏感的片状电阻。当电阻两端的电压到达某压敏电压值时，电阻迅速导通。常用于防雷击电路和晶闸管过压保护等	
	热敏电阻	热敏电阻由半导体陶瓷材料组成，其阻值随温度变化的曲线呈非线性	

3.电阻和电位器的型号命名

普通电阻和电位器的命名方法如图 3-3 所示。

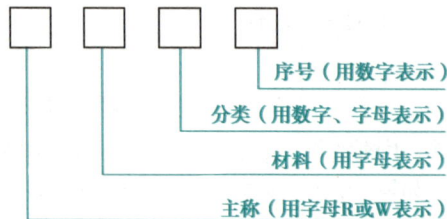

序号（用数字表示）

分类（用数字、字母表示）

材料（用字母表示）

主称（用字母R或W表示）

图 3-3　电阻的命名

普通电阻器的型号、意义见表 3-2。

表 3-2 普通电阻器的型号、意义

| 第一部分:主称 | | 第二部分:材料 | | 第三部分:分类 | | 第四部分:序号 |
符号	含义	符号	含义	符号	含义	数字表示
R	电阻器	T	碳膜	1、2	普通型	常用一位阿拉伯数字或无数字表示
		H	合成膜	3	超高频	
		S	有机实芯	4	高阻	
		N	无机实芯	5	高温	
		J	金属膜	6、7	精密型	
		Y	金属氧化膜	8	高压型	
		C	化学沉积膜	9	特殊型	
		I	玻璃釉膜	G	高功率	
		X	线绕	W	微调	
				T	可调	
				D	多圈	

普通电位器的型号、意义见表 3-3。

表 3-3 普通电位器的型号、意义

| 第一部分:主称 | | 第二部分:材料 | | 第三部分:用途或特性 | | 第四部分:序号 |
字母	含义	字母	含义	字母	含义	
W	电位器	D	导电材料	B	片式	用数字表示
		F	复合膜	D	多圈旋转精密型	
		H	合成膜	G	高压式	
		I	玻璃釉膜	H	组合式	
		J	金属膜	J	单圈旋转精密型	
		N	无机实芯	M	直滑精密型	
		S	有机实芯	P	旋转功率型	
		X	线绕	T	特殊型	
		Y	氧化膜	W	螺杆驱动预调型	
				X	旋转低功率型	
				Y	旋转预调型	
				Z	直滑式低功率型	

4.电阻的主要参数

- 标称阻值:电阻器的阻值,可以用直标法/色标法或者数字表示法标注。
- 允许偏差:常见误差为5%、10%、20%,精密电阻器的误差比较小。
- 额定功率:电阻器长时间正常工作时允许耗散的最大功率。
- 最高工作电压:最大允许连续工作的电压。
- 噪声:电阻器中不规则的电压起伏引起的电流变化。
- 温度系数:温度每变化1℃,电阻器阻值的相对变化。

5.电阻规格标注方法

电阻器的标称阻值和允许偏差直接标在电阻体上。常用的标注方法有直标法、数码法和色标法3种。

（1）直标法

直标法用阿拉伯数字和单位符号在电阻器表面直接标出标称阻值,有的还直接用百分数标出允许偏差,如图3-4所示。

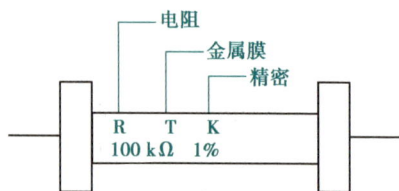

图3-4　直标法

阻值单位符号规定如下:欧姆用"Ω"表示;千欧姆用"kΩ"表示;兆欧姆用"MΩ"表示。误差也可用F、G、J、K、M表示,允许误差范围分别是±1%、±2%、±5%、±10%、±20%。

（2）数码法

数码法将文字、数字有规律地结合起来表示电阻的阻值和误差。

例:3R6 → 3.6 Ω

4K7 → 4.7 kΩ

R5 → 0.5 Ω

图3-5　数码法

如图3-5所示,表示含义为:金属膜电阻,标称阻值和允许偏差为10 Ω±5%,额定功率为5 W。

（3）色标法

色标法是指用不同颜色的色带或色点标志在电阻器表面上,以表示电阻器的标称阻值和允许误差。色标法具有颜色醒目、标志清晰、无方向性的优点,小型化的电阻器都采用色标法。如图3-6所示为色标所代表的意义。色环电阻器有四环、五环两种标法。

例如,如图3-7所示的四色环电阻颜色分别为:红-红-红-金,代表的电阻值为:

$R = 22 \times 100\ \Omega = 2\ 200\ \Omega = 2.2\ k\Omega$,误差为:±5%。

如图3-8所示的五色环电阻颜色分别为:棕-黑-黑-黄-棕,代表的电阻值为:

$R = 100 \times 10\ k\Omega = 1\ 000\ k\Omega = 1\ M\Omega$,误差为:±1%。

数值的读取方法

颜色	第一段	第二段	第三段	乘数	误差	
黑色	0	0	0	1		
棕色	1	1	1	10	±1%	F
红色	2	2	2	100	±2%	G
橙色	3	3	3	1 k		
黄色	4	4	4	10 k		
绿色	5	5	5	100 k	±0.5%	D
蓝色	6	6	6	1 M	±0.25%	C
紫色	7	7	7	10 M	±0.10%	B
灰色	8	8	8		±0.05%	A
白色	9	9	9			
金色				0.1	±5%	J
银色				0.01	±10%	K
无					±20%	M

图 3-6 色标所代表的意义

图 3-7 四色环电阻

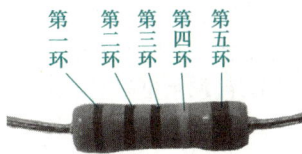

图 3-8 五色环电阻

6.电阻选用常识

①根据电子设备的技术指标和电路的具体要求选用电阻的型号和误差等级。

②额定功率应大于实际消耗功率的 1.5~2 倍。

③电阻装接前要测量核对,尤其是要求较高时,还要人工老化处理,提高稳定性。

④根据电路工作频率选择不同类型的电阻。电阻在使用前,最好用万用表测量一下阻值,查对无误,方可使用。用文字直接标志的电阻,装配时应使其有标志的一面向上,以便查对。

二、电阻值的测量

使用电阻前应先用万用表检查阻值是否与标称值相符。用万用表测量电路中的电阻时,首先应把电路中的电源切断,然后将电阻器的一端与电路断开,以免电路元件的并联影响测量的准确性。测量电阻时,不允许两只手同时接触电笔的两端,否则会将人体电阻并联于被测电阻器上而影响测量的准确性。要精确测量某些电阻值时需用电阻电桥。测量方法见表3-4。

表 3-4　电阻值的测量方法

定值电阻器的阻值测量（以 DT-9205 型数字万用表为例）		
操作步骤	图示	注意事项
①红表笔插入"Ｖ Ω"孔，黑表笔插入"COM 孔"	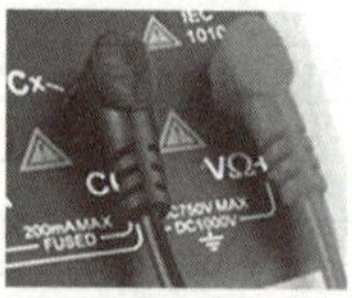	当检查被测线路的阻抗时，要保证移开被测线路中的所有电源，所有电容放电。在被测线路中，如有电源和储能元件，会影响线路阻抗测试的正确性
②按下 POWER 键，打开万用表电源，检查 9 V 电池。如果电池电压不足，将显示在显示器上，这时则需更换电池		当显示"[－＋]""BATT"或"LOW BAT"时，表示电池电压低于工作电压 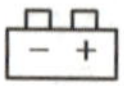
③将万用表调至欧姆挡，选择合适的挡位	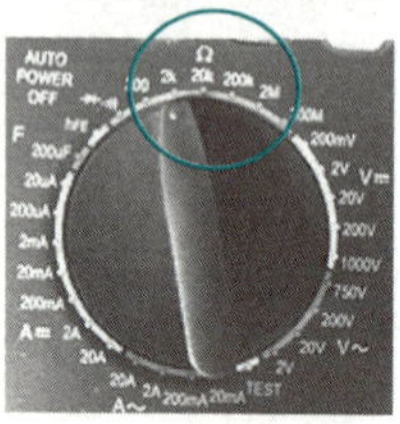	为了提高测量精度，应根据电阻标称值的大小来选择挡位。量程选小了，显示屏上会显示"1."，此时应换用较大的量程；反之，量程选大了，显示屏上会显示一个接近于"0"的数
④分别用红黑表笔接到电阻两端金属部分（测量电阻不分正负）	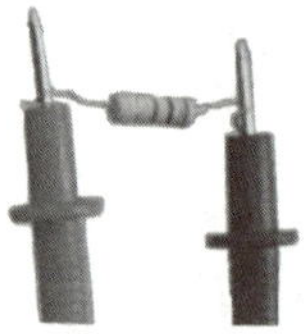	双手不要同时触及电阻两端引脚，以免在被测电阻上并联人体电阻造成测量误差。下图所示为错误的测量方法 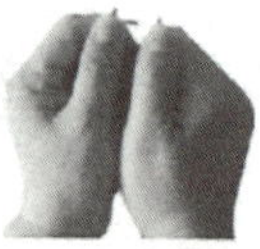
⑤读数		测量时，待表针停稳后读取读数，然后乘以倍率，就是所测的电阻值。注意："200"挡时单位是"Ω"，在"2～200 k"挡时单位是"kΩ"，在"2～2 000 M"挡时单位是"MΩ"
⑥测量完毕，按 POWER 键，关闭电源		如果长期不使用，还应将万用表内部的电池取出来，以免电池腐蚀表内其他器件

【任务实施】

①将完成任务所需的工具、仪表和器材填入表 3-5 中。

表 3-5　工具、仪表和器材

请你选择所需仪表、器材,在对应的□中打"√",如列表上没有,则填在横线上
干电池□　直流电源□　交流电源□　小灯泡□　发光二极管□　1 kΩ 电阻□　100 Ω 电阻□ 200 Ω 电阻□　1 MΩ 电阻□　指针式万用表□　数字式万用表□ _____

②请在如图 3-1 所示的图中标出你所识别的电阻元件。

③使用万用表测量电阻值,填入表 3-6 中。

表 3-6　测量值

电阻名称	标称值	万用表选用挡位	测量值

【任务评价】

请完成表 3-7 的评价项目。

表 3-7　学习任务评价表

评价内容	记录要点
在本次学习任务中,你主要学到了哪些知识与技能	数字万用表的正确使用□　仪表、器材的选择□　电阻的类型识别□　定值电阻器的检测□　可变电阻器的检测□　特殊电阻器的检测□　数据记录□　结果判断□
在本次学习中主要还存在什么问题	
你认为在测量电路中的电阻时,应如何断开测量电阻	
在学习过程中,你做了哪些安全操作?请举例	

【任务拓展】

汽车中的电阻元件

1.定值电阻在汽车中的应用

定值电阻的阻值不变,汽车中常用于风窗除雾器加热丝、点烟器、灯泡等,如图 3-9、图 3-10 所示。

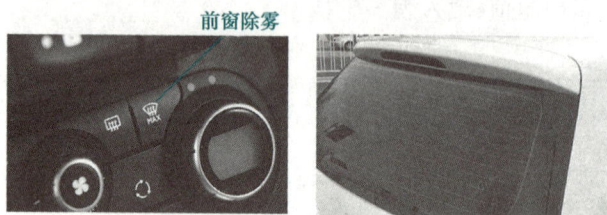

图 3-9　风窗除雾器加热丝

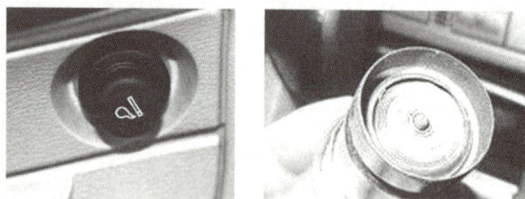

图 3-10　点烟器

2.可变电阻在汽车中的应用

可变电阻的阻值在一定范围内变化,汽车中常用于音量控制器、节气门传感器等,如图 3-11、图 3-12 所示。

图 3-11　音量控制器

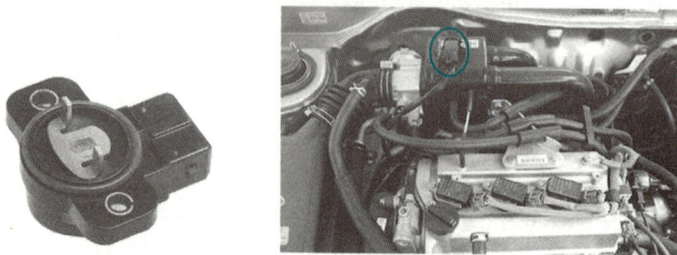

图 3-12　节气门传感器

3.特殊电阻在汽车中的应用

热敏电阻、光敏电阻、压敏电阻具有特殊的性能,在汽车传感器中应用广泛,如图3-13—图3-15所示。

热敏电阻

图 3-13 热敏电阻:冷却液温度传感器等

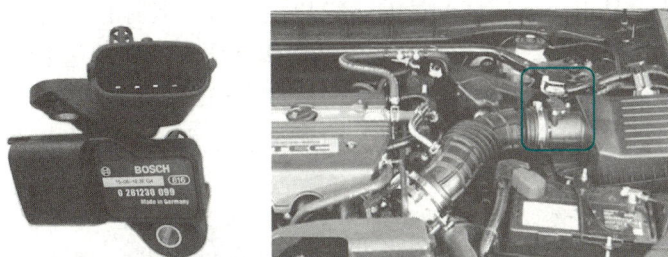

图 3-14 压敏电阻:压力传感器

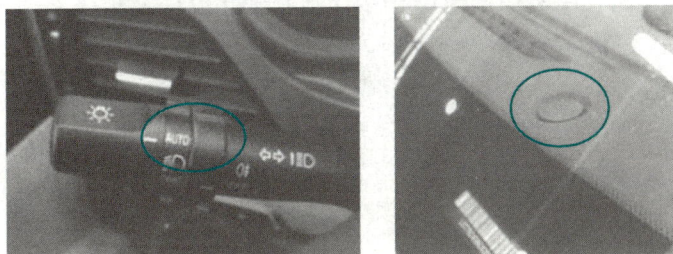

图 3-15 光敏电阻:光敏传感器

【任务测试】

一、填空题

1.电阻是阻止_____通过和消耗_____的一类电子元器件,电阻的字母代号为_____。

2.电阻的基本单位是_____,国际单位有_____、_____,电阻的换算关系为:1 MΩ = _____ kΩ = _____Ω。

3.请写出以下各颜色代表的误差值。

金_____、银_____、绿_____、棕_____、蓝_____、紫_____、无色_____。

二、简答题

1.有一四色环电阻,其颜色分别为黄-紫-红-金,请将换算原则写出后计算出其阻值,并写出误差值。

2.有一五色环电阻,其颜色分别为棕-红-红-橙-金,请将换算原则写出后计算出其阻值,并写出误差值。

/ 学习任务二 / 识别与检测电容元件

电容的产量占全球电子元器件产量的 40% 以上。基本上所有的电子设备,小到数码相机、手机,大到航天飞机、火箭中都可以见到它的身影。作为一种最基本的电子元器件,电容对电子设备来说就像食品对人一样不可缺少。请你在如图 3-16 所示的电路板中查找出 10 个以上的电容元件,识读电容的型号、容量和耐压等参数并做好记录,并利用万用表观察电容的充放电现象,学会判别电容的性能好坏。

图 3-16 电路板

【知识准备】

一、电容器及其电容

被一层绝缘材料隔开的两个导体的组合称为电容器。组成电容器的两个导体称为极板,中间的绝缘材料是某一种电介质。常见电容器的电介质有空气、纸、云母、塑料薄膜和陶瓷等。

如果把电容器的两个极板分别接到直流电源的两端,这时两极板间便有恒定的电压 U。在电场力的作用下,驱使自由电子运动,使两极板分别带上数量相等的正负电荷,这个过程称为电容器的充电过程,如图 3-17 所示。此后在直流电路中,由于储存在极板上的电

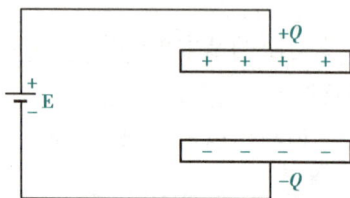

图 3-17 通电后的电容器

量及电介质中的电场都不随时间变化,导线中没有电荷移动,故电容元件对直流电相当于开路,这就是常说的电容元件具有"隔直流"的作用。实践证明,对于某一电容器来说,其中任一极板所储存的电荷量和加在两极板间的电压的比值是一个常数。对于不同的电容器,这一比值不相同。为了衡量电容器本身储存电荷的本领,引入电容这个物理量。

电容器任一极板上所带的电荷量(即电容器所带电荷量)Q 与两极板间的电压 U 的比值称为电容器的电容,用字母 C 表示,即

$$C = \frac{Q}{U}$$

式中　Q——任一极板上的电荷量,C;

　　　U——两极板间的电压,V;

　　　C——电容,F。

实际应用中常用 μF(微法)和 pF(皮法),它们的关系如下:

$$1 \text{ F} = 10^6 \text{ μF} = 10^{12} \text{ pF}$$

注意:不能认为"电容 C 跟极板上的电荷量 Q 成正比,而跟两极间的电压 U 成反比"。因为电容是反映电容器本身容纳电荷能力大小的量。电容的大小只取决于电容器本身的结构和形状。

★小提示

思考:电容器该如何放电呢?

答案:把充电后的电容器的两极板接通,使两极板上的电荷互相中和,电容器不再带电,这个过程称为放电。放电的过程是电场能转化为其他形式能的过程。

二、电容器的作用和电路符号

电容器是一种储能元件,在电路中主要起耦合、旁路、隔直、滤波、移相、延时等作用。如图 3-18 所示,电容器大量存在充电器电路板、电视机电路板中。

图 3-18　电路板上的电容器

各种电容器的电路符号如图 3-19 所示。

（a）一般符号　（b）极性电容器　（c）可变电容器　（d）微调电容　　（e）双连同轴可变电容器

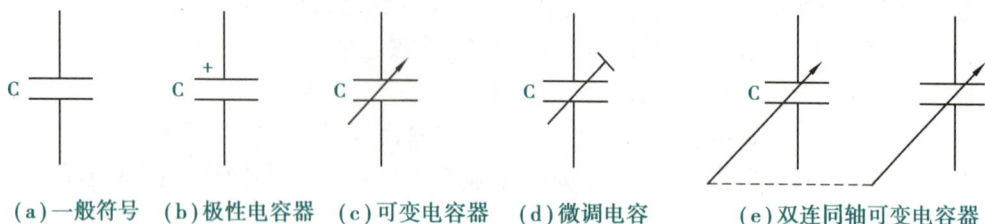

图 3-19　电容器的电路符号

三、电容器的分类

电容器的分类见表 3-8。

表 3-8　电容器的分类

分类方法	种　类
按结构分	固定电容器、可变电容器和微调电容器
按制造材料分	瓷介电容、涤纶电容、电解电容、钽电容、聚丙烯电容等
按电解质分	有机介质电容器、无机介质电容器、电解电容器、空气介质电容器等
按用途分	高频旁路、低频旁路、滤波、调谐、高频耦合、低频耦合、小型电容器等

1.固定电容器

固定电容器的电容量是固定不变的,常用的固定电容器的分类及特点见表 3-9。

表 3-9　固定电容器的分类及特点

电容类型	结构和特点	实物图片
纸介电容器	以纸作介质,金属箔作为极板,具有成本低、体积大、损耗大等特点,只适用于低频电路	
瓷介电容器	体积小、耐热性好、损耗小、绝缘电阻高,但容量小,适宜用于超高频电路旁路、耦合、滤波等	
云母电容器	以云母片作介质,高频性能稳定、损耗小、漏电流小、耐压高,但容量小(从几十皮法到几万皮法)、成本较高,适用于高频线路	
涤纶电容器	无极性、体积小、容量大,但稳定性较差,用于中低频电路,如信号耦合、旁路、隔直等,不宜在高频电路中使用	

续表

电容类型	结构和特点	实物图片
独石瓷介电容器	由多层陶瓷介质构成，具有耐高温、体积小、电容容量大、稳定性好、价格较低等优点，但温度系数较大，是目前市场上最常见的电容器。CT4 为低频独石，CC4 为高频独石。广泛用于精密仪器中高频电路作谐振、耦合、滤波、旁路用	
铝电解电容器	容量大，可达几法拉；成本较低、价格便宜，但漏电大、寿命短（存储寿命小于 5 年）、稳定性差、有正负极性，安装时不能接反，适用于电源滤波或低频电路	长脚为正极 负极标示　短脚为负极
钽、铌电解电容器	用金属钽或者铌作正极，用稀硫酸等配液作负极，用钽或铌表面生成的氧化膜作介质制成。体积小、容量大、性能稳定、寿命长、绝缘电阻大、温度特性好，但价格较贵，适用于要求较高的设备中	
贴片式铝电解电容	贴片式铝电解电容是由阳极铝箔、阴极铝箔和衬垫纸卷绕而成	负极标示　0OZ 100 6V　容值 工作电压
贴片式钽电解电容	贴片式钽电解电容有矩形的，也有圆柱形的。封装形式有裸片型、塑封型和端帽型 3 种，以塑封型为主。它的尺寸比贴片式铝电解电容器小，且性能好	

2.可变电容器

可变电容器的电容量在一定范围内是可以调节的，它包括可变电容器（空气介质、塑膜介质）和微调可变电容器（陶瓷介质、空气介质、塑膜介质）。

（1）可变电容器

可变电容器以两组相互平行的金属片作为电极，以空气或固体薄膜为介质，固定不动的一组称为定片，能随转轴一起转动的一组称为动片，如图 3-20 所示。

（a）空气可变电容　　　（b）有机薄膜可变电容　　　（c）单联可变电容

图 3-20　各种可变电容器

（2）微调可变电容器

微调可变电容器是一种容量在几皮法到几十皮法范围内可调的电容器,如图 3-21 所示。微调可变电容器常用于收音机、通信和电子仪器的调谐回路或作为补偿电路。

（a）通孔式　　　　　　　　　　　　（b）贴片式

图 3-21　微调电容器

四、电容器的主要性能参数

1.标称容量

标称容量是指电容两端加上电压后它能储存电荷的能力。储存电荷越多,电容量越大;反之,电容量越小。标在电容外部上的电容量数值称为电容的标称容量。

2.额定工作电压

电容器中的电介质能够承受的电场强度是有限的,当施加在电容器上的电压超过一定值时,电介质有可能被击穿而损坏。额定工作电压是指在规定的工作温度范围内,电容器在电路中连续工作而不被击穿的加在电容器上的最大有效值,习惯上称为电容器的耐压。一般电解电容器和体积较大的电容器,都将耐压值直接标在电容器的表体上。

3.绝缘电阻及漏电流

绝缘电阻是指电容器两极之间的电阻,又称为漏电电阻。由于电容器中的介质并非完全的绝缘体,因此,任何电容器工作时,都存在漏电流。漏电流过大,会使电容器发热,性能变坏,甚至失效。电解电容器还会爆炸。常用绝缘电阻表示绝缘性能,一般电容器的绝缘电阻都在数百兆欧以上。绝缘电阻越大,漏电流越小,表明电容器质量越好。

4.误差

误差是指标称容量与实际容量相对误差的百分比。常用的误差值表示为:D 表示 ±0.5%,F 表示±1%,J 表示±5%,K 表示±10%,M 表示±20%。

五、电容器常用标注方法

1.直标法

直标法是将电容的标称容量、耐压及偏差直接标在电容体上。若是零点零几,常把整数位的"0"省去,如.01 μF 表示 0.01 μF,如图 3-22 所示。

2.数字表示法

数字表示法只标数字不标单位,采用此种方法的仅限于单位为 pF 和 μF 两种情况。一般数字范围为 1～100 时,默认单位为 pF;数字范围为 0～1 时,默认单位为 μF,如图 3-23 所示。

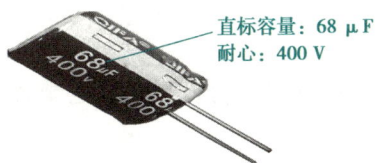

直标容量：68 μF
耐心：400 V

图 3-22　直标法

容量：18 pF

图 3-23　数字表示法

3.数码表示法

一般用 3 位数字来表示容量的大小，单位为 pF。其中，前两位为有效数字，后一位表示倍率，即乘以 10^i，i 为第三位数字，若第三位数字为 3，则乘 10^3，如图 3-24 所示。

电容量：$103=10 \times 10^3$ pF$=10^4$ pF

温度系数
K：10%误差
容值：56×10 pF$=560$ pF

图 3-24　数码表示法

4.色环表示法

与电阻器的色环表示法类似，3 个色环，末环宽些，前两环为有效数字，第三环为位率，容量单位为 pF，如图 3-25 所示。

图 3-25　色环表示法

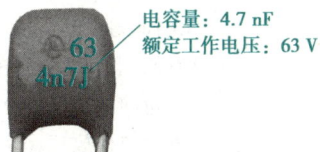

电容量：4.7 nF
额定工作电压：63 V

图 3-26　字母数字混合表示

5.字母数字混合表示法

用 2~4 位数字和 1 个字母表示标称容量，其中，数字表示有效数值，字母表示数值的单位。字母有时既表示单位也表示小数点，如图 3-26 所示。

六、电容器的检测

1.使用数字万用表测量电容量

用数字万用表测量电容的电容量，并不是所有电容都可测量，要依据数字万用表的测量挡位来确定，如图 3-27 所示。测量方法如下：

①将电容两端短接，对电容进行放电，确保数字万用表的安全。

②将功能旋转开关拨至电容"F"测量挡，并选择合适的量程。

③将电容插入万用表 CX 插孔。

图 3-27　用数字万用表
测电容量

④读出 LCD 显示屏上数字。

2.用指针式万用表判别电容的质量好坏

电容使用前应测容量与标称值是否相符。无条件时,可用万用表测充放电能力。检测方法见表 3-10。

表 3-10　电容的质量检测

电容类型		检测方法	图示
无极性固定电容的检测	容量≤0.01 μF 的固定电容的检测	容量≤0.01 μF 的固定电容的检测,因电容容量太小,用万用表进行测量,只能检查其是否有漏电、内部短路或击穿现象。将两表笔分别任意接电容的两个引脚,阻值应为无穷大。如果测出阻值为零,可以判定该电容漏电损坏或内部击穿	
	容量>0.01 μF 的固定电容的检测	测量时选用万用表 $R×10$ k 挡,若表笔接通瞬间,万用表的指针应向右微小摆动,然后又回到无穷大处,调换表笔后,再次测量,指针也应该向右摆动后返回无穷大处,可以判断该电容正常。若表笔接通瞬间,万用表的指针摆动至"0"附近,可以判断该电容被击穿或严重漏电;若表笔接通瞬间,指针摆动后不再回至无穷大处,可判断该电容器漏电;若两次万用表指针均不摆动,可以判断该电容已开路	
电解电容器的质量检测		①选择合适挡位:指针万用表转换开关置于 $R×100$ 挡或 $R×1$k 挡。 ②欧姆调零:两表笔短路,调节欧姆调零电位器,使指针指在 0 Ω 处。 ③测量前应让电容充分放电,即将电解电容的两根引脚短路,把电容内的残余电荷放掉。 ④将指针万用表的红表笔接负极,黑表笔接正极。 ⑤万用表指针应向右偏转较大角度,然后逐渐向左返回,直到停在某一位置。此时的阻值便是电解电容的正向绝缘电阻,一般应在几百千欧以上,此为正常。 ⑥调换表笔测量,指针重复前边现象,最后指示的阻值是电容的反向绝缘电阻,应略小于正向绝缘电阻。 ⑦不正常现象有击穿、漏电严重和开路等,判断方法跟检测容量大于0.01 μF 的固定电容相同	 电容放电

★小提示

指针式万用表的黑表笔接表内电池"+"极,红表笔接表内电池"−"极,测正向绝缘电阻时应将黑笔接电容正极,红表笔接电容负极。

【任务实施】

①将完成任务所需的工具、仪表和器材填入表 3-11 中。

表 3-11　工具、仪表和器材

请你选择所需仪表、器材,在对应的□中打"√",如列表上没有,则填在横线上
干电池□　直流电源□　交流电源□　小灯泡□　发光二极管□　22 pF 电容□　0.1 μF 电容□
4.7 μF 电阻□　10 pF 电容□　指针式万用表□　数字式万用表□
_____

②请在图 3-28 中标出你所识别的电容元件,并将电容的型号和参数记录在表 3-12 中。

表 3-12　电容型号识别

电容名称	标称容量	耐压	误差

图 3-28　电路板

③使用万用表检测电容的实际容量,并判别电容器的性能好坏,将结果填入表 3-13 中。

表 3-13　电容测量

电容名称	标称容量	测量容量	指针式万用表判别性能好坏			
			选用挡位	正向绝缘电阻大小	反向绝缘电阻大小	判断结果

④极性电容器的正负极判别。请在图3-29中分别标出电容器的正负极。

图 3-29　电解电容器

【任务评价】

请完成表3-14的评价项目。

表 3-14　完成任务评价表

评价内容	记录要点
在本次学习任务中,你主要学到了哪些知识与技能	数字万用表的正确使用□　指针式万用表的正确使用□　仪表、器材的选择□　电容器的类型识别□　电容器的检测□　电容器充放电现象的观察□　数据记录□　结果判断□
在本次学习中主要还存在什么问题	
你认为除了可以从外观识别电解电容器的正负极外,还有其他方法判别吗	
在学习过程中,你做了哪些安全操作?请举例	

【任务拓展】

汽车中的电容元件如图3-30、图3-31所示。

在车上的安装位置

图 3-30　电容式闪光继电器

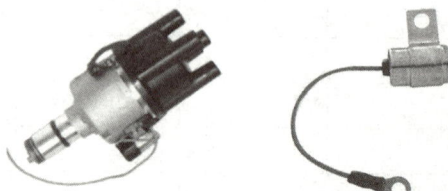

图 3-31　汽车分电器上的电容

【任务测试】

一、填空题

1.电容的字母代号是_____,属于一种_____元件,国际单位通常用_____、

_____、_____。

2.电容器的主要参数有_____、_____和_____。

3.电容器的作用是_____。

二、简答题

有一贴片电容标识为 105,请将换算原则写出后并计算其容量。

/ 学习任务三 / 识别与检测电感元件

电感器是将电能转换为磁能并存储起来的元件,在电子系统和电子设备中必不可少。能对电感元件进行检测和性能判断是日后从事相关行业的基础。请你在如图 3-32 所示的两块电路板中识别出不同种类的电感元件,简单辨别变压器初、次级线圈,并学会使用万用表判别电感器的好坏。

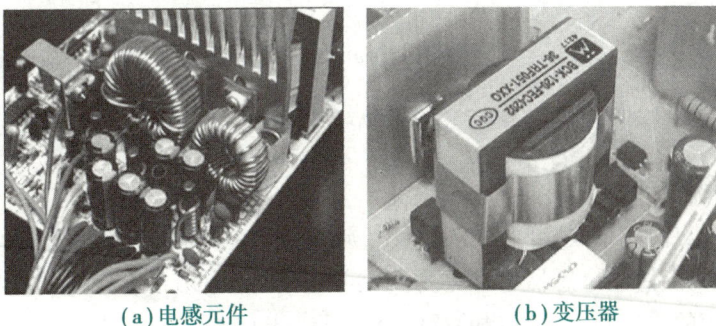

（a）电感元件　　　　　　　　（b）变压器

图 3-32　电路板上的电感元件和变压器

【知识准备】

一、电感器及电路符号

电感器是由导线一圈靠一圈地绕在导磁体上,导线彼此绝缘,而导磁体可以是空心的,也可以包含铁芯或磁芯。电感器是利用电磁感应制成的,在导线或线圈中流过电流时,其周围就会产生磁场,线圈中电流发生变化时线圈周围的磁场发生变化,变化的磁场可使线圈自身产生感应电动势,这就是自感作用。表示自感能力的物理量称为电感,其大小用自感系数 L 表示。凡能产生电感作用的器件称为电感器,又称为电感线圈,简称为电感。它是一种储

能元件,能将电能转换成磁能并储存起来。

　　电感器的性质是通直流隔交流,与电容器性质相反。电感器的用途很广,主要用于电源电路、时钟发生电路、无线通信、无线遥控系统等场合。如图 3-33 所示为印刷电路板上的电感元件,可以从电感器外表、结构、标记等方面进行识别,多数情况下印制板上的电感器标有L 标志,或在元件上印有字符 μH 或 mH 等。

图 3-33　印刷板上的电感器

　　在电路图中,电感器的符号表达如图 3-34 所示。

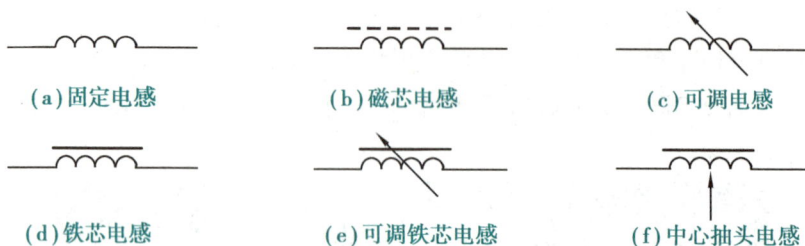

(a)固定电感　　　　　　(b)磁芯电感　　　　　　(c)可调电感

(d)铁芯电感　　　　　(e)可调铁芯电感　　　　(f)中心抽头电感

图 3-34　各种电路图电感器符号

二、电感器的分类

　　如果在通以交流电的线圈的交变磁场中,放置另一个线圈,在此线圈中会产生感应电动势,这种现象称为互感。电感器通常分为两大类:一类是应用自感作用的电感线圈;另一类是应用互感作用的变压器。电感器的具体分类见表 3-15。

表 3-15　电感器的分类方法

分类方法	具体种类
按功能分	振荡线圈、扼流圈、耦合线圈、校正线圈和偏转线圈等
按电感量是否可调分	固定电感、可调电感和微调电感
按结构分	空心线圈、磁芯线圈和铁芯线圈
按形状分	线绕电感(单层线圈、多层线圈及蜂房线圈)、平面电感(印制板电感、片状电感)

常见的电感器见表3-16。

表 3-16　常见的电感器

电感名称	结构特点与应用	实物图示
空心线圈	没有磁芯或铁芯,只是将导线一圈靠一圈地绕在一起,通常线圈绕的匝数较少,电感量小。通过调整空心线圈之间的间隙,可以改变电感量的大小,实现微调。为了防止线圈之间的间隙变化,实用电路中调试结束后可用石蜡对其密封固定。空心线圈广泛应用于家用电器、汽车电器、手机、无线收发器、放大器等电子产品中	
铁芯线圈	在铁芯骨架上绕制线圈而形成,通常其骨架采用硅钢片叠加在一起而组成,如电感镇流器、阻流圈等。阻流圈常用于音频或电源滤波电路中,如扩音机电源电路;铁芯线圈常应用于工作频率较低的电路中	
磁芯线圈	用导线在磁芯上绕制成线圈或在空心线圈中插入磁芯组成的线圈,通过调节磁芯在线圈中的位置来调节电感量。磁芯电感器常应用于工作频率较高的电路中	
固定色环(码)电感	色环电感用漆包线绕制在磁芯上,再用环氧树脂封装起来,外壳标以色环(单位 μH)或直接由数字标明电感量。色环电感主要用在滤波、振荡、陷波和延迟电路中	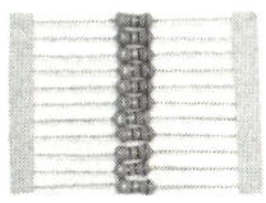
贴片电感	又称为功率电感,是大电流电感、表面贴装高功率电感,具有小型化、高品质、高能量储存和低电阻的特性。贴片电感主要应用在计算机显示板卡、笔记本电脑、脉冲记忆程序设计	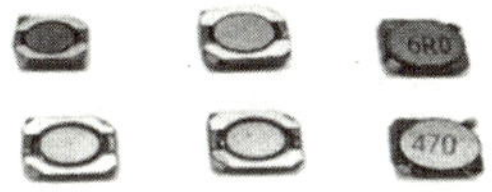
微调电感	在线圈中插入磁芯,并通过调节其在线圈中的位置来改变电感量。如收音机中磁棒天线就是改变微调电感器,与可变电容组成谐振电路,从而实现对所选电台信号频率的选择	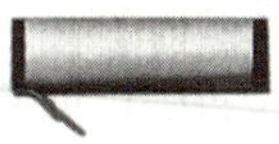

三、电感器的主要参数及型号命名

1.电感器的主要参数

(1)电感量 L 及允许偏差

电感器工作能力的大小用"电感量"来表示,表示产生感应电动势的能力。电感量是表征线圈的一个重要参数,通常线圈的匝数越多,电感量越大。电感量 L 的常用单位为 H(亨)、mH(毫亨)和 μH(微亨)。换算关系为:$1\ H = 1 \times 10^{3}\ mH = 1 \times 10^{6}\ μH$。允许偏差采用百分数表示,为±5%(Ⅰ)、±10%(Ⅱ)、±20%(Ⅲ),用字母符号 J 表示±5%,K 表示±10%,M表示±20%。

（2）标称电流值

标称电流值是指电感器长期工作不损坏所允许通过的最大电流。它是高频、低频扼流线圈和大功率谐振线圈的重要参数,常以字母 A、B、C、D、E 来分别表示标称电流值 50 mA、150 mA、300 mA、700 mA、1 600 mA。应用时实际通过电感器的电流不宜超过标称电流值。

（3）品质因数（Q 值）

电感线圈中储存能量与消耗能量的比值称为品质因数,又称 Q 值。电感器的 Q 值一般为 50~300,Q 值与线圈的结构有关,Q 值越高,电路的损耗越小。

（4）分布电容（寄生电容）

分布电容是指线圈匝与匝之间形成的分布电容,它降低了线圈的品质因数 Q,也使线圈的工作频率受到限制。

2.电感器的型号命名

电感器的型号命名规则如图 3-35 所示。

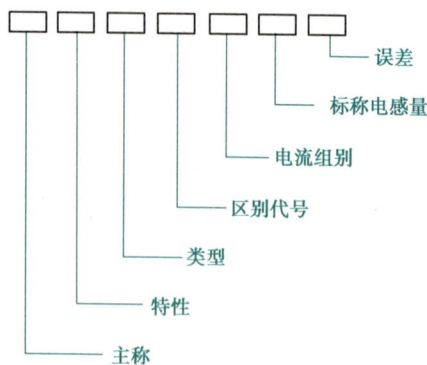

图 3-35　电感的型号命名规则

主称:用 L 表示线圈、LZ 表示阻流圈。

特性:一般用 G 表示高频,低频一般不标。

类型:用字母或数字表示,X:小型,1:轴向引线（卧式）,2:同向引线（立式）。

区别代号:用字母表示,一般不标。

电流组别:用字母表示。

标称电感量:符合 E 系列,直接用文字标注或数码标出（用数码时单位为 μH）。

误差:用字母表示。

例如:LG1-B-47μH ±10%,表示为高频卧式电感,额定电流 150 mA,47 μH,误差±10%。

四、电感器的标注

电感器的标注方法跟电容的标注类似,有直标法、色标法、文字符号法、数码法等,见表 3-17。

表 3-17 电感器的标注方法

标注名称	标注方法	实物图示
直标法	在电感器的壳体上直接用数字、字符标示出它的电感量、误差级别以及最大工作电流等主要参数,其中最大工作电流用英文字母 A、B、C、D、E 等标示	
色标法	在电感器的壳体上涂印上色环,以不同颜色表示其电感量、倍数及允许误差。电感量的单位为微亨(μH)。小型电感器的色标法与电阻器的四色环标志的规律相同,电感的色环表示的数字与电阻的色环表示的数字意义一样,只是最后的单位不一样	第1位有效数 倍乘 第2位有效数 允许误差
文字符号法	采用文字符号法表示的电感器通常是一些小功率电感器,单位通常为 nH 或 μH。用 μH 作单位时,"R"表示小数点;用"nH"作单位时,"N"表示小数点	电感量:4.7μH,偏差:±10%
数码法	电感的数码标示法与电阻器一样,前面的两位数为有效数,第三位为倍乘,单位为 μH	电感量:47×10^0 μH $= 47$ μH

五、电感的检测

1.外观检查

从电感线圈外观查看是否有破裂、线圈是否有松动和变位的现象,引脚是否牢靠,并查看电感器的外表上是否有电感量的标称值。还可进一步检查磁芯旋转是否灵活,有无滑扣等,如图 3-36 所示。

图 3-36 电感的外观检查

2.用万用表检测通断情况

检测方法见表 3-18。

表 3-18　电感线圈测量

检测方法	正常现象	内部短路现象	断路现象
将指针式万用表置于 $R\times$ 1 挡,用两表笔分别碰接电感线圈的引脚	如果测得电感线圈有一定阻值,说明正常。电感线圈的电阻值与电感线圈所用漆包线的粗细、圈数有关。电阻值是否正常可通过相同型号的正常值进行比较来判断	当被测的电感器电阻值为 0 Ω 时,说明电感线圈内部短路,不能使用	当测得的阻值为无穷大时,说明电感线圈或引脚与线圈接点处发生了断路,此时不能使用

六、变压器

变压器是根据电磁感应原理制成的传输交流电能并可改变交流电压的静止电器,它广泛地应用于电力、电信和自动控制系统中。如图 3-37 所示为日常可见各种变压器。

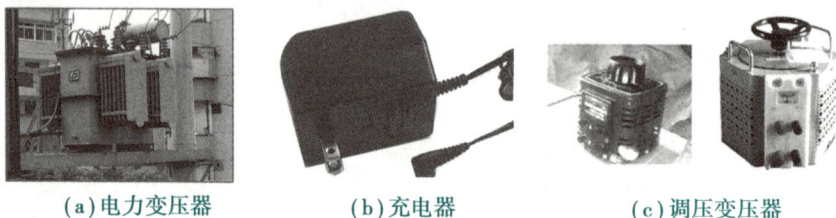

(a)电力变压器　　　(b)充电器　　　(c)调压变压器

图 3-37　常用变压器

1.变压器的作用

变压器是变换交流电压、电流和阻抗的器件,广泛应用于电力系统、家用电器、电子仪器、开关电源等用电设备中。

在电力系统中,向远方传输电能时,为了减少线路上电能耗损,需要升高电压,为了满足用电需求,又需要降低电压,这就需要能实现变换电压、电流的变压器,如图 3-38 所示。变压器是电力系统中重要的设备之一,对电力系统的安全运行至关重要。

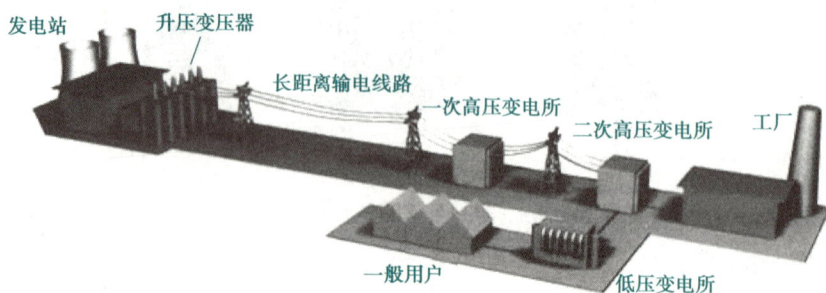

图 3-38　在输电过程中的电压调整

（1）电源变压器

如图 3-39（a）所示，家用电器大多采用交流 220 V 供电，而内部各电路采用不同电压的直流供电，这就需要变压器变换成所需要的各种电压，次级根据用途可以有多个绕组，以输出不同的电压和功率，再整流、滤波，供电路正常工作。

（2）中频变压器

如图 3-39（b）所示，中频变压器是超外差式收音机必不可少的选频元件（中周）和电视机中频放大器的重要元件，决定了收音机的灵敏度、选择性等和电视机的图像清晰度。

（3）音频变压器

如图 3-39（c）所示，音频变压器在放大电路中的主要作用是耦合、倒相和阻抗匹配等。有输入变压器和输出变压器，后者是接在放大器输出端的变压器，起阻抗匹配的目的，使放大器具有最大的不失真输出。

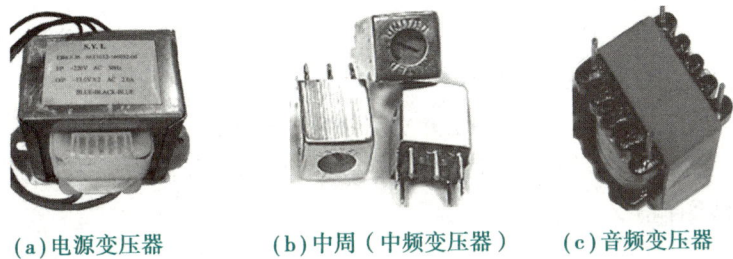

(a) 电源变压器　　(b) 中周（中频变压器）　　(c) 音频变压器

图 3-39　变压器

2.变压器的构造

变压器由铁芯、绕组、绝缘结构和引出线接线端等部分组成。变压器可用文字符号 T 表示。其基本结构如图 3-40 所示。

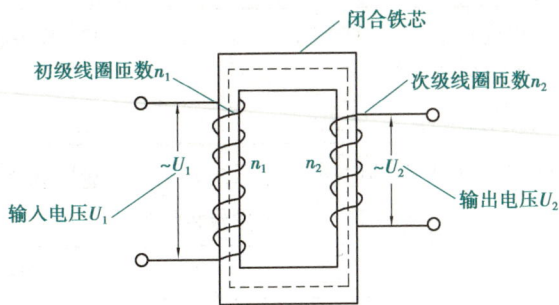

图 3-40　变压器的构造

3.变压器的电路符号

一般变压器的电路符号如图 3-41 所示。

4.变压器的工作原理

变压器的主要部件是一个铁芯和套在铁芯上的两个绕组（也称线圈），如图 3-42 所示。这两个绕组具有不同的匝数，且互相绝缘。变压比 K 是指变压器一、二次绕组电压比。如果忽略了铁芯、线圈的损耗,此值近似等于一、二次绕组的匝数比。这个参数表明了该变压器是升压变压器还是降压变压器。

$$K = \frac{U_1}{U_2} = \frac{n_1}{n_2}$$

①当 $n_2 > n_1$ 时, $U_2 > U_1$,为升压变压器。

②当 $n_2 < n_1$ 时, $U_2 < U_1$,为降压变压器。

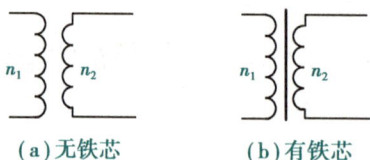

(a) 无铁芯　　(b) 有铁芯

图 3-41　普通变压器的电路符号

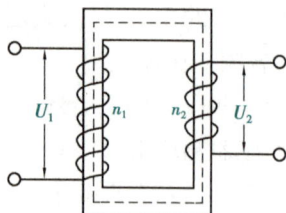

图 3-42　变压器的工作原理

5.变压器初、次级线圈的简单判断

电源变压器的初级、次级引脚都是分别从两侧引出的,一般初级侧标有 220 V 字样,但有时标记模糊,可根据初级绕组线径细、匝数多,次级线径粗、匝数少来判断,同时初级线圈铜阻大于次级线圈铜阻。

【任务实施】

①将完成任务所需的工具、仪表和器材填入表 3-19 中。

表 3-19　工具、仪表和器材

请你选择所需仪表、器材,在对应的□中打"√",如列表上没有,则填在横线上
干电池□　直流电源□　交流电源□　小灯泡□　发光二极管□　22 μH 电感□　0.1 μH 电感□ 指针式万用表□　数字式万用表□   _____

②请在图 3-32 中标出你所识别的电感元件,并将电感的型号和参数记录在表 3-20 中。

表 3-20　电感的型号和参数

序号	电感类型	标称电感量	电路符号

③使用万用表简单判别电感器的性能好坏,将结果填入表 3-21 中。

表 3-21　电感器的检查

电感名称	标称电感量	外观检查	用指针式万用表判别性能好坏		
			选用挡位	测量现象	判断结果

④根据现有变压器,写出变压器的型号,简单判别变压器的初次级线圈,请写出你的判断结果和依据。

【任务评价】

请完成表 3-22 的评价项目。

表 3-22　学习任务评价表

评价内容	记录要点
在本次学习任务中,你主要学到了哪些知识与技能	数字万用表的正确使用□　指针式万用表的正确使用□　仪表、器材的选择□　电感器的类型识别□　电感器的外观检测□　色环电感器的检测□　振荡线圈电感器的检测□　数据记录□　结果判断□
在本次学习中主要还存在什么问题	
你认为有哪些方法可以判别变压器的初次级线圈	
在学习过程中,你做了哪些安全操作?请举例	

【任务拓展】

电感元件在汽车中的应用如图 3-43 所示。

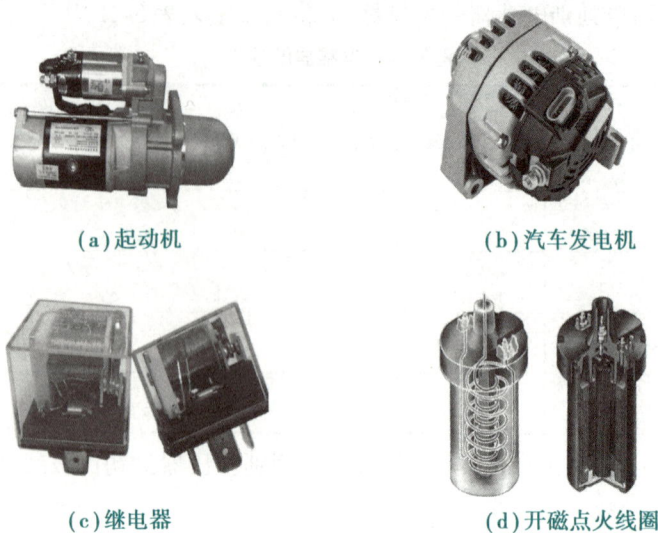

(a)起动机　　　　　　　　(b)汽车发电机

(c)继电器　　　　　　　　(d)开磁点火线圈

图 3-43　电感应用

【任务测试】

一、填空题

1.自感是由于线圈中本身的_____发生变化而引起的电磁感应现象。

2.将万用表调至_____挡,测量电感器的线圈_____,根据测出的电阻值大小,来判断电感器的质量好坏。

3.电感器的主要参数有_____、_____、_____。

4.变压器是利用_____原理制成的传输交流电能并可改变_____的静止电气设备。它能将某一电压值的_____(交流电/直流电)变换成同_____(大小/频率)的所需电压值的交流电,以满足高压输电、低压供电及其他用途的需要。

5._____称为变压器的变压比。降压变压器的变压比_____于 1,升压变压器的变压比_____于 1。

二、简答题

变压器的铁芯为什么用许多硅钢片叠压而成?

/学习任务四/　使用保险丝

当电路发生故障或异常时,伴随着电流不断升高,有可能损坏电路中的某些重要器件或贵重器件,也有可能烧毁电路甚至造成火灾。若在电路中正确地安置了保险丝,那么,保险丝就会在电流异常升高到一定程度,产生大量热量时,自行熔断切断电流,从而起到保护电路安全运行的作用。

【知识准备】

一、保险丝的作用

最早的保险丝于一百多年前由爱迪生发明,由于当时的工业技术不发达,白炽灯很贵重,因此,最初是将保险丝用来保护价格昂贵的白炽灯。汽车上运用保险丝是为了保护电器、线路和昂贵的电子控制单元。如图 3-44 所示为生活中常见的电闸开关,里面包含了很多的保险丝。

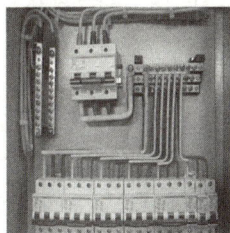

图 3-44 生活中常见的电闸开关

二、保险丝的分类

保险丝的分类如图 3-45 所示。

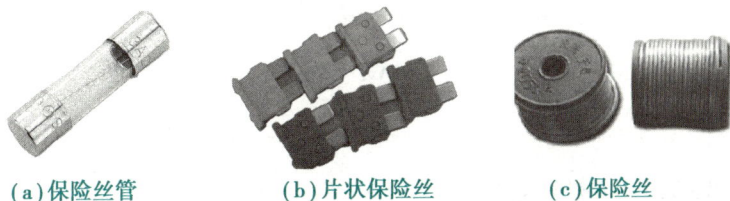

(a)保险丝管   (b)片状保险丝   (c)保险丝

图 3-45 不同类型的保险丝

三、汽车常用保险丝

汽车常用保险丝有高电流保险丝和中低电流保险丝,一般较容易接触到的为中低电流保险丝。中低电流保险丝大致可分为插片式保险丝(包括自动保险丝盒迷你保险丝)、插入式保险丝、旋紧式保险丝、管式保险丝、盒平板式保险丝等,如图 3-46、图 3-47 所示。

图 3-46 汽车用各类保险丝

图 3-47 汽车用插片式保险丝

插片式保险丝可分为超小号插片保险丝、小号汽车保险丝、中号汽车保险丝、大号汽车保险丝。额定电流有 1~40 A 到大号 30~120 A,额定电压为 32 V。

四、保险丝颜色代表的含义

汽车插片式保险丝颜色的国际标准:2A 灰色、3A 紫色、4A 粉色、5A 橘黄色、7.5A 咖啡色、10A 红色、15A 蓝色、20A 黄色、25A 透明无色、30A 绿色和40A 深橘色。根据颜色的不同,可以很清楚地区分不同安培数的大小,如图 3-48 所示。常用的保险丝有 5A 橘黄色、7.5A咖啡色、10A 红色、15A 蓝色、20A 黄色、25A 透明无色、30A 绿色和40A 深橘色。车主需备一些常用保险丝在车上,以防熔断发生。

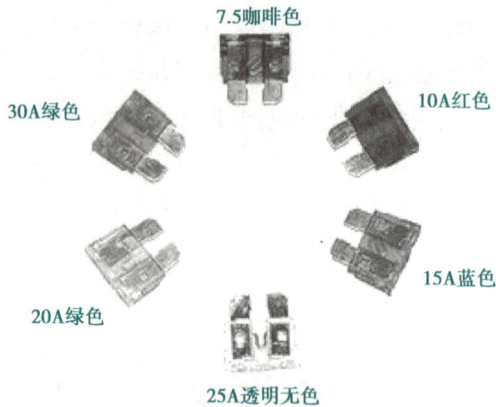

图 3-48　汽车用各类保险丝颜色代表的含义

五、汽车上保险丝盒安装位置

一般汽车上都有两个险丝盒。一个负责汽车外部电器的安全,如 ECU、玻璃水、车灯、喇叭、ABS 等电路的安全保护,位于发动机舱内,如图 3-49 所示;另一个负责车内电器的正常工作,如点烟器、车窗升降、电动座椅和安全气囊等,一般位于方向盘的左侧位置,如图 3-50 所示。

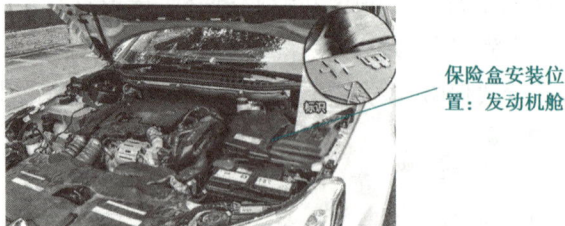

图 3-49　汽车保险盒安装位置

图 3-50　汽车保险盒安装位置

六、更换汽车保险丝

汽车在使用过程中会遇到保险丝烧断的情况,保险丝烧断会直接影响汽车的正常使用。更换保险丝是汽车电气维修的常见工作。汽车保险丝更换操作步骤及注意事项见表 3-23。

表 3-23　保险丝的更换

操作步骤	图示	操作及注意事项
①找到保险丝的位置	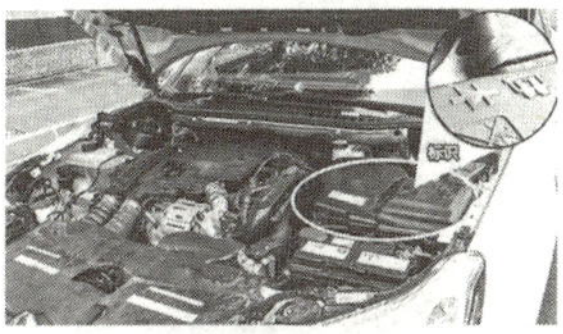	根据不同的车型找到保险丝所在的位置。一般保险丝盒都靠近电池。保险丝盒子一般都有卡扣固定住,有些高级车型还会有螺栓拧紧,需小心拆卸盒子方可打开保险丝
②仔细对照图例以找出保险丝	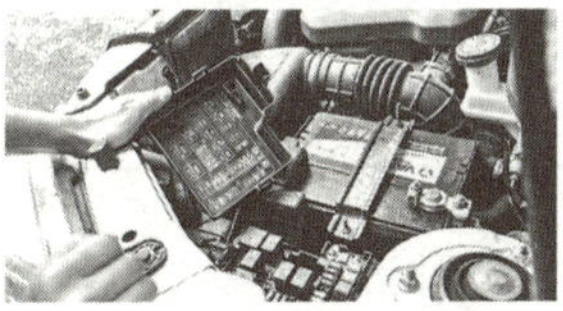	取出保险丝前需要对照图例仔细阅读,一般在容易取出保险丝一侧较易对上图例
③用镊子把保险丝拔掉,换上新的保险丝		保险丝盒内一般配有备用保险丝,且远离其他保险丝以便区分。用镊子把保险丝取出,并且观察其是否熔断,若熔断,把合适的备用保险丝换上即可。注意更换的新保险丝应与旧的保险丝规格一致

【任务实施】

为故障车辆更换保险丝,并完成表 3-24 的填写。

表 3-24　更换保险丝记录表

更换元件名称	数据		保险丝性能判定及处理建议
	读数	测量数	

【任务评价】

请完成表 3-25 的评价项目。

表 3-25. 项目评价表

评价内容	记录要点
在本次学习任务中,你主要学到了哪些知识与技能	仪表、器材的选择□ 保险丝类型的识别□ 汽车上保险盒安装位置的查找□ 汽车上各电路系统保险丝位置的确定□ 汽车插片保险丝性能优劣的判定□ 汽车上保险丝的规范更换□ 数据记录□ 结果判断□
在本次学习中主要还存在什么问题	
你认为在更换汽车上插片式保险丝前,有什么方法可以确定保险丝的电阻值	
在学习过程中,你做了哪些安全操作?请举例	

【任务拓展】

汽车保险丝的检查与保养

一、汽车保险丝的检查

车辆用电器不工作,首先考虑的是保险丝是否熔断,然后作下一步处理。

①检查保险丝,首先要熟悉车辆的保险丝位置。

一般汽车上都有两个保险丝盒。保险丝盒上都有各功能保险丝的标示,在动手检查之前,必须了解每个保险丝的功能。最好通过查维修手册来确定。

②用镊子将保险丝拔出,并且观察其是否熔断,若熔断,把合适的备用保险丝换上即可。

保险丝盒内一般配有备用保险丝,且远离其他保险丝以便区分。在紧急情况下如果没有备用保险丝,可用其他闲置的保险丝顶上。例如:车窗的保险丝断了,恰好没有备用保险丝,这个时候,可以将音响、空调这类闲置的保险丝用上,前提是两者的安数相同或者比原来保险丝安数要小。但是只能应急使用一时,必须尽快更换适用的保险丝。

二、汽车保险丝的日常保养

汽车保险丝在保险盒中,平常不用刻意地去保养,但需要注意的是,如果汽车保险丝盒不小心丢失,一定不要让保险丝裸露在外面,否则很容易造成短路。另外,也不能用其他材料代替保险丝盒覆盖保险丝,因为保险丝盒的材质是考虑了绝缘和耐高温的,这是其他材料代替不了的。

【任务测试】

简答题

给如图 3-51 所示电路选配保险丝。已知蓄电池电压为 12 V，负载的额定功率为 60 W。

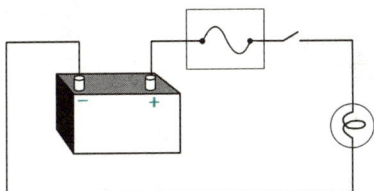

图 3-51　电路图

/学习任务五/　认知汽车常用继电器

在生活中人们经常看到一些大型机器在工作，而它们的电流可达几十安甚至上百安，如果直接控制或者操作是非常危险的。要控制这些强大的电流，在电路中通常会使用到电磁继电器。

【知识准备】

一、继电器的作用

继电器是一种电子控制器件，它具有控制系统（又称输入回路）和被控制系统（又称输出回路），通常应用于自动控制电路中。它实际上是用较小的电流去控制较大电流的一种"自动开关"，起到自动调节、安全保护、转换电路等作用。

二、继电器的外形和结构

继电器的外形如图 3-52 所示。

继电器的内部结构如图 3-53 所示。

图 3-52　继电器外形

三、汽车继电器的工作原理

在线圈两端加上一定的电压，线圈中就会流过一定的电流，从而产生电磁效应，衔铁就会在电磁力吸引的作用下克服返回弹簧的拉力吸向铁芯，从而带动衔铁的动触点与静触点（常开触点）吸合。当线圈断电后，电磁的吸力也随之消失，衔铁就会在弹簧的反作用力作用

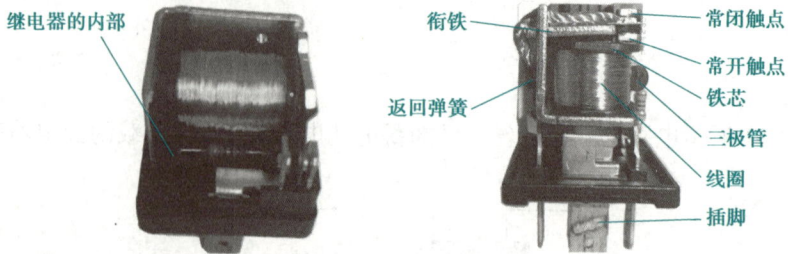

图 3-53　继电器内部结构

下返回原来的位置,使动触点与原来的静触点(常闭触点)释放。这样吸合、释放,从而达到在电路中导通、切断的目的。

四、汽车继电器的种类

1.单位继电器

单位继电器为只有一对触点的继电器。常见触点有常开和常闭两种。根据插脚的不同,汽车用单位继电器有三脚和四脚两种,如图 3-54 所示。其内部电路如图 3-55 所示。

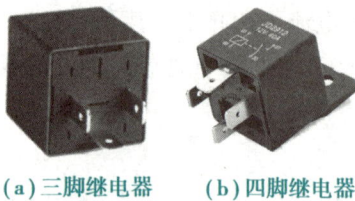

(a)三脚继电器　　(b)四脚继电器

图 3-54　单位继电器

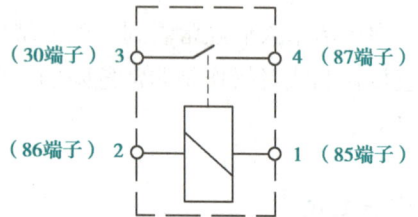

图 3-55　单位继电器内部电路图

2.双位继电器

双位继电器的触点有两对,如图 3-56 所示。其内部电路如图 3-57 所示。

五脚继电器

图 3-56　双位继电器

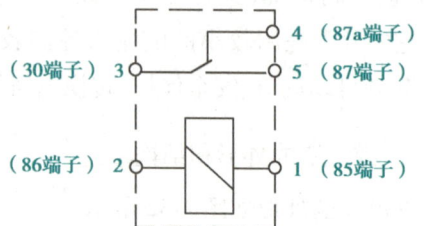

图 3-57　双位继电器内部电路图

五、继电器的检测

继电器的检测见表 3-26。

表 3-26　继电器的检测

检测项目	操作步骤	图示	操作及注意事项
线圈的检测	将万用表拨至 200 Ω 挡,然后将两表笔分别与线圈接线脚(85-86 端子)接触,测量其电阻值	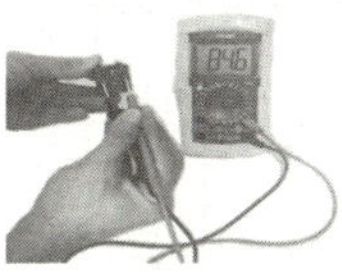	① 正常时,线圈阻值为 75~80 Ω; ② 若测量电阻值为 ∞ ,说明线圈断路; ③ 若测量电阻过小,说明线圈短路
触点的检测	(1)常闭触点的检测 将万用表拨至 200 Ω 挡,然后将两表笔分别与常闭触点接线脚(30-87a 端子)接触,测量其电阻值	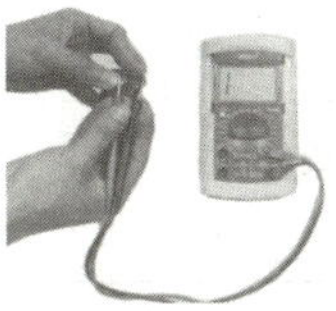	①正常时,万用表应有值,且阻值≤0.8 Ω; ②若测量电阻为 ∞ ,说明触点烧蚀
	(2)常开触点的检测 用两根跨接线把 12 V 的蓄电池电压给线圈通电,将万用表拨至 200 Ω 挡,然后将两表笔分别与常开触点接线脚(30-87 端子)接触,测量其电阻值	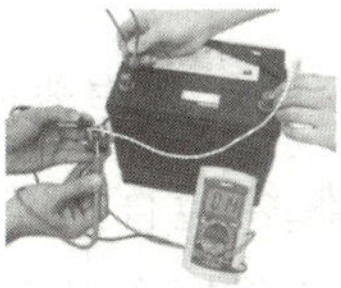	①正常时,万用表应有值,且阻值≤1.4 Ω; ②若测量电阻为 ∞ ,说明触点烧蚀

【任务实施】

对四脚继电器和五脚继电器进行检测,并完成表 3-27 的填写。

表 3-27　继电器检测记录表

四脚继电器检测	测量端子	电压	电阻	判断
通电	4-负极			
断电	3-4			
断电	1-2			
五脚继电器检测	测量端子	电压	电阻	判断
通电	5-负极			
通电	4-负极			
断电	1-2			

【任务评价】

请完成表 3-28 的评价项目。

表 3-28　项目评价表

评价内容	记录要点
在本次学习任务中,你主要学到了哪些知识与技能	仪表、器材的选择□　分辨继电器类型□　检查四脚继电器□　四脚继电器的性能判断□　检查五脚继电器□　五脚继电器的性能判断□　数据记录□　结果判断□
在本次学习中主要还存在什么问题	
你认为在检测继电器前,有什么方法可以确定判断继电器的触点类型	
在学习过程中,你做了哪些安全操作?请举例	

【任务拓展】

继电器使用注意事项

①为防止引出端表面污染,不应直接接触引出端,否则可能导致可焊性下降。

②继电器插入线路板后,不得扳弯引出脚,以免影响继电器密封或其他性能。

③插装过程中不能对继电器外壳施加过大压力,以免外壳破裂或动作特性变化。

④连接脚的插、拔压力为 10 千克力。若太大插拔力会造成继电器损坏,若压力太小会影响接触可靠性和载流能力。

⑤在安装时若不慎将继电器掉落或受到撞击后,电气参数虽然合格但其机械参数可能发生较大的变化,存在严重隐患,应尽量不使用。

⑥注意按规定的极性接线圈电源和触点电源,触点一般是动簧接正极(+)。

【任务测试】

填空题

写出如图 3-58 所示中继器各零部件的名称。

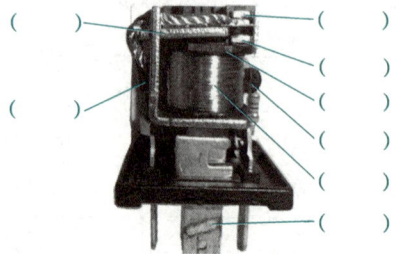

图 3-58　继电器零部件

项目四 | 搭建与测量基本电路

　　日常生活中的电路随处可见,所有的用电设备使用都必须通过电路来实现。电路有交流电路和直流电路,而直流电路是比较简单的一种电路,它是学习交流电路的基础。要认识生活中常见的电路,能判断电路的一些简单故障,必须学会一些基本电路的测量和分析方法,基本电路的搭建与测量项目是学生学习直流电路的重要内容。

项目学习任务:

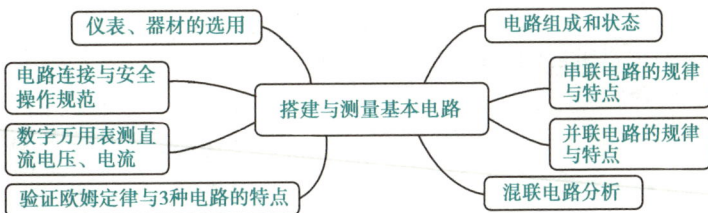

- 仪表、器材的选用
- 电路连接与安全操作规范
- 数字万用表测直流电压、电流
- 验证欧姆定律与3种电路的特点

　　搭建与测量基本电路

- 电路组成和状态
- 串联电路的规律与特点
- 并联电路的规律与特点
- 混联电路分析

学习目标:

　　①知道直流电路的基本组成和串、并联的概念,能识别 3 种连接方式组成的电路;

　　②按要求选择所需电源设备、工具仪表和相匹配的元器件搭建简单的串联、并联和混联电路;

　　③能使用数字万用表测量电流、电压,从而进一步验证电路的欧姆定律;

　　④根据测量所得的电压和电流,总结出 3 种基本连接电路的等效电阻、电流和电压的基本规律;

　　⑤适当运用电路的基本规律分析电路,能简单计算一些基本物理量,如等效电阻、电流、电压等。

学习任务一 / 搭建一个简单的直流电路

日常生活中常用的手电筒,如图 4-1 所示,它是一种直流电路。打开手电筒的开关,电筒就会发光,现突然发现打开开关后,手电筒不亮了,通过初步判断可能是电池没电了。请你拆开手电筒查看电路,分析电路的组成,按提供的器材模拟连接一个手电筒电路,并使用数字万用表确定电池是否没电。

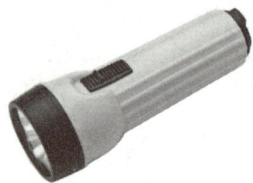

图 4-1　手电筒

【知识准备】

一、电路和电路图

1.电路的概念

电流流通的路径称为电路。为提供电流流通的路径,应将电气设备和电器元件按一定方式和技术要求连接起来。如图 4-2 所示,用导线将电源、开关和灯泡连接起来,通过开关控制电路的流通,从而控制灯泡的亮和灭,在灯泡亮时把电能转换为光能。

2.电路的组成

从图 4-2 所示可知,电路主要由电源、负载(用电器)、导线和辅助元件 4 部分组成。

(1)电源

为电路提供电能的装置称为电源,如图 4-3 所示。

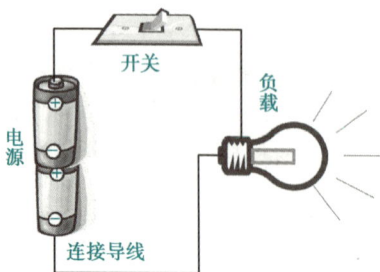

图 4-2　手电筒实物电路

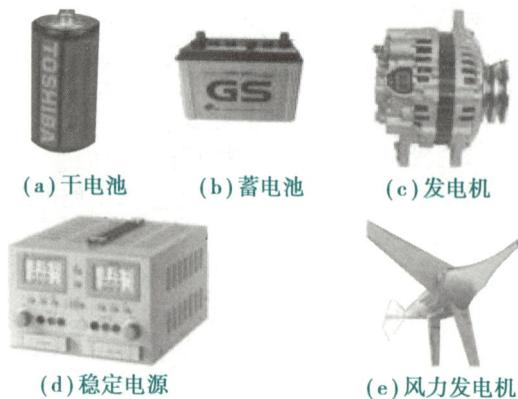

(a)干电池　　(b)蓄电池　　(c)发电机

(d)稳定电源　　(e)风力发电机

图 4-3　各种电源装置

（2）负载（用电器）

在电路中消耗电能的装置称为负载（用电器）。如图4-4、图4-5所示为常见的负载。

（a）汽车车灯　　　　（b）喇叭　　　　（c）电动机

图4-4 常见的负载（一）

（a）电吹风　　　　（b）电烙铁

图4-5 常见的负载（二）

（3）连接导线

目前家庭用电一般采用五线制，即红线、黄线、绿线、蓝线、地线。国家标准是红线、黄线、绿线是相线（火线），蓝线是零线，地线是黄绿双色线。相色规定：A相为黄色，B相为绿色，C相为红色，中性线（即零线）为淡蓝色，保护中性线（地线）为黄绿双色，如图4-6所示。火线和零线的区别在于它们对地的电压不同：火线的对地电压等于220 V；零线的对地电压等于零（它本身跟大地相连接在一起）。在实验室中，接线通常要区分颜色，尽量采用国家规定的颜色接线。

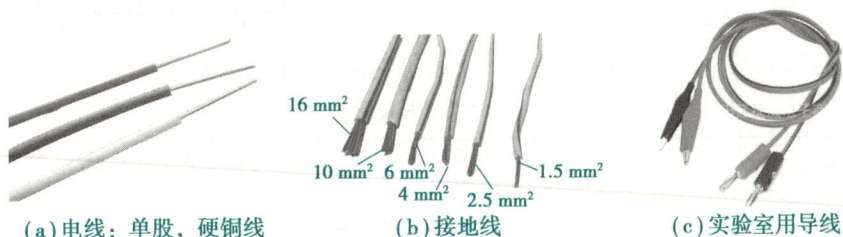

（a）电线：单股，硬铜线　　　　（b）接地线　　　　（c）实验室用导线

图4-6 导线

（4）辅助元件

用于检测、保护和控制电路工作状态的器件称为辅助元件，如图4-7、图4-8所示。

测量电路的电流表、电压表、电度表等是电路中的辅助元件，根据读数可以判断电路的工作状态。各种开关也是电路的辅助元件，作用是接通或断开电路。熔断器、继电器是电路中的另一类辅助元件，它们的作用是当电路出现故障时，自动切断电路，保护电路。

3.电路图

用规定的图形符号画出来的电路图形称为电路图。利用电路图可以很方便地研究电路，分析电路规律。如图4-9所示为手电筒电路图。常见的电路元件的图形符号见表4-1。

(a)开关　　　　　(b)熔断器　　　　(c)空气开关　　　　(d)电流表

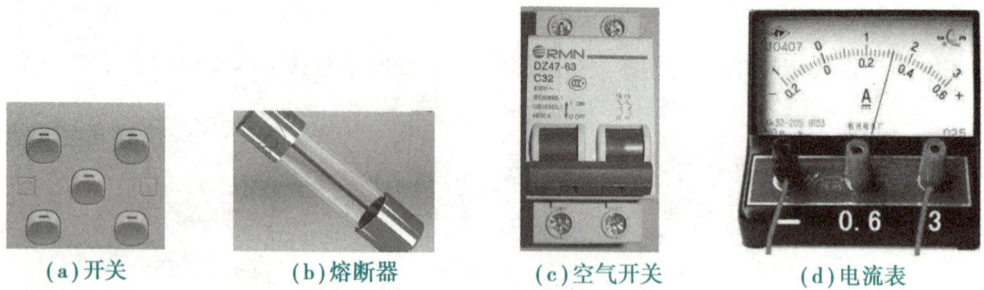

图4-7　各种辅助元件(一)

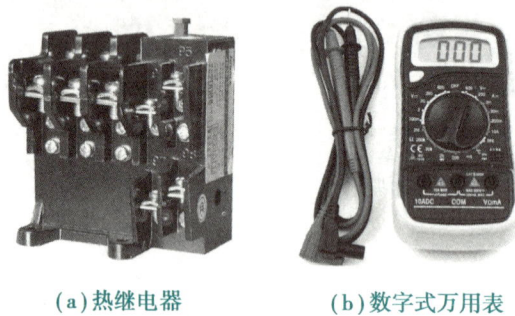

(a)热继电器　　　　　(b)数字式万用表

图4-8　各种辅助元件(二)

图4-9　手电筒电路实物电路和电路图

表4-1　常见元件图形符号

名称	图形符号	名称	图形符号	名称	图形符号
电阻		电感		电容	
电位器		开关		电池	
电灯	⊗	电流表	Ⓐ	电压表	Ⓥ
熔断器		接地	⏚	接机壳	⊥

二、电路的状态和物理量

1.电路的 3 种状态

电路有通路、断路和短路 3 种状态。

通路又称闭路,有电流流过用电器,电路正常工作。如图4-10所示,当开关 S 闭合时,电路为通路。

断路又称开路,指某一部分电路与电源断开,该部分电路中没有电流,也无能量的输送和转换。如图 4-10 所示,当开关 S 断开或线路中某处出现断点时,电路为断路。

短路是指导线直接连接在电路中的某两点之间的情形,通常有电源短路和负载短路。如果电源正负极两端不经过负载而直接相连,则称电源被短路,流过电源和导线中的电流很大,可能导致电源烧毁,甚至引起火灾,这是非常危险的。如图 4-11 所示为短路电路。

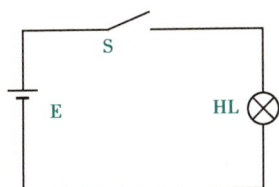

图 4-10　电路图

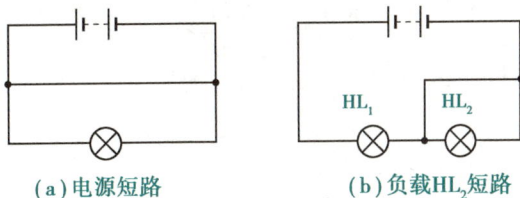

图 4-11　短路电路

(a)电源短路　　　　　(b)负载HL$_2$短路

2.描述电路状态的物理量

描述电路状态的物理量有电流、电压、电阻和电功率。

(1)电流 I

电路中的电流大小,可用电流表Ⓐ或万用表的直流电流挡测量,如图 4-12 所示。

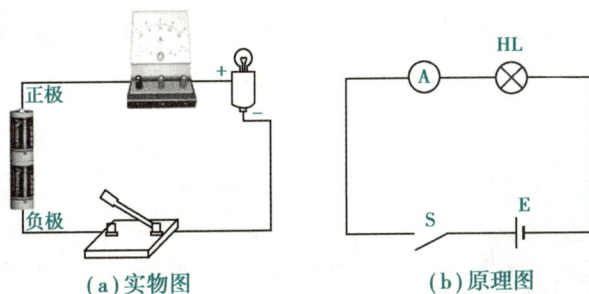

(a)实物图　　　　　(b)原理图

图 4-12　用电流表测直流电流

电流的单位为安[培],用符号 A 表示,还有 kA、mA、μA(微安)等常用单位,它们之间换算的关系如下:

$$1 \text{ kA} = 10^3 \text{A}$$

$$1 \text{ A} = 10^3 \text{mA} = 10^6 \text{μA}$$

(2)电压 U

电路中的电压大小,可用电压表Ⓥ或万用表的电压挡测量。电压 U 的单位为伏[特],用符号 V 表示,如图 4-13 所示。常用的电压单位还有 kV、mV,它们之间的换算关系如下:

$$1 \text{ kV} = 10^3 \text{V}$$

$$1 \text{ V} = 10^3 \text{mV}$$

电压的方向可以用电压的符号 U 加双下标表示,如 U_{ab},表示电压方向是由 a 指向 b。在电路图中,标注某元件的两端的电压方向,常由"+"极指向"−"极。

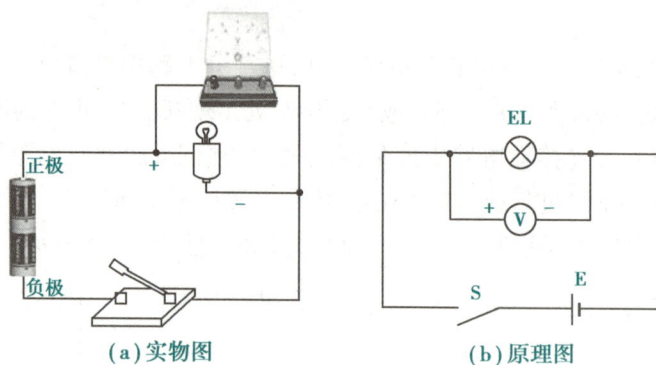

（a）实物图　　　　　**（b）原理图**

图 4-13　用电压表测灯泡两端的直流电压

（3）电阻 R

电阻是电荷在运动时所遇到的阻力。所有的物质都有电阻，只是电阻的大小不同。根据导电能力的强弱，可以将自然界中的物体分为 3 类，分别是导体、绝缘体和半导体。

电阻的大小可用万用表测量，如图 4-14 所示。电阻的单位为欧〔姆〕，用符号 Ω 表示。电阻的常用单位还有 kΩ、MΩ 等。

（4）电功率 P

在电路中，电流做功的快慢用电功率表示，每一个电器设备上都标有额定电功率和额定电压，在额定电压下电器设备能达到额定电功率，如图 4-15 所示。

图 4-14　数字万用表

（a）

容声冰箱BCD-208B/HC	格力电风扇KYTA-30A
总有效容积：208 L	额定电压：220 V
冷冻室有效容积：97 L	工作频率：50 Hz
冷冻能力：5.25 kg/24h	扇叶直径：300 mm
电源：220 V/50 Hz	输出风量：＞50 m³/min
额定输入功率：140 W	功率：50 W
耗电量：1.00 kW·h/24 h	净重：4.1 kg
净重：58 kg	毛重：5 kg

（b）

图 4-15　家用电器的铭牌数据

电功率用符号 P 表示，即

$$P = UI$$

式中，当电压 U 的单位为 V，电流 I 的单位为 A 时，电功率 P 的单位为瓦〔特〕，用符号 W 表示。工程上常用 kW、MW 或 mW 作单位，它们之间的换算关系如下：

$$1 \text{ MW} = 10^3 \text{kW} = 10^6 \text{W}$$

$$1 \text{ W} = 10^3 \text{mW}$$

当电功率的单位用 kW,时间的单位用 h 时,电功的单位为 kW·h。日常生活中 1 kW·h 就是人们常说的 1 度电,表示功率为 1 kW 的用电器工作 1 h 所消耗的电能,如图 4-16 所示。

1 度电 = 1 kW·h = 1 kW × 1 h = 1000 W × 3600 s = 3.6 × 10⁶ J

图 4-16 家用电表

三、使用数字万用表测直流电压(电源)

万用表是一种多用途、广量程、使用方便的测量仪表,可用来测量直流电压、直流电流、交流电压和电阻,中高档的万用表还可以测量交流电流、电容、电感及三极管的主要参数等。使用数字式万用表可测量电路中两点之间的直流电压,也可以测量电源的输出电压,见表 4-2(以 DT-9205A 为例)。

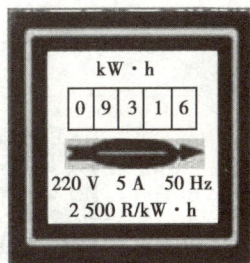

表 4-2 数字式万用表测量直流电压的主要步骤

步骤	图示	主要操作内容	注意事项
1		数字式万用表的检查(外观检查、检查要检测的电压是否在万用表的检测范围内等)	使用前,应认真阅读有关的使用说明书,熟悉电源开关、量程开关、插孔。外观检查是否有破损、电池盒是否合上,电压的测量范围标注在插孔旁边
2		按下"POWER"键,打开万用表电源,检查 9 V 电池。如果电池电压不足,将显示在显示器上,这时则需更换电池	当显示"⊟" "BATT"或"LOW BAT"时,表示电池电压低于工作电压
3		将黑表笔插入"COM"孔,红表笔插入"VΩ"孔	测试笔插孔旁边的符号,表示输入电压或电流不应超过指示值,这是为了保护内部线路免受损伤
4		将功能开关置于直流电压挡 V 量程范围,应把旋钮选到比估计值大的量程	表盘上的数值均为最大量程,如果不知被测电压范围,应先将功能开关的旋钮置于最大量程并逐渐下降
5		将测试表笔连接到待测电源(测开路电压)或负载上(测负载电压降),红表笔接正极,黑表笔接负极(即与被测线路并联)	尽量单手操作,不能用手去接触表笔的金属部分,这样一方面可以保证测量的准确;另一方面也可以保证人身安全

续表

步骤	图示	主要操作内容	注意事项
6		读数	红表笔所接端的极性将同时显示于显示器上。若显示为"1.",则表明量程太小,那么就要加大量程后再测量
7		测量完毕,应将量程开关拨到最高电压挡,并再次按"POWER"键,关闭电源	如果长期不使用,还应将万用表内部的电池取出来,以免电池腐蚀表内其他器件

【任务实施】

①将完成任务所需的工具、仪表和器材填入表 4-3 中。

表 4-3　工具、仪表和器材

请你选择所需仪表、器材,在对应的□中打"√"
干电池□　　直流电源□　　蓄电池□　　小灯泡□　　　发光二极管□　　日光灯□ 按钮开关□　　钮子开关□　　导线□　　指针式万用表□　　数字式万用表□

②根据所选元件和器材,画出元器件连接的电路图。

电路图:

③根据安全操作规范,连接电路,记录过程,填写表 4-4。

表 4-4　电路连接步骤

连接过程	注意事项

★小提示

　　连接电路时,电源开关为断开状态,红色线连正极,黑色线连负极。

④检查电路,观察结果,根据实际情况填写表4-5。

表4-5　电路检查结果

操作内容	结果(填"是"或"否")	电路所处状态
在通电前先检查电路是否有短路情况		
在未合上(电源)开关前,负载是否发亮		
合上(电源)开关,负载是否发亮		
判断:电路是否连接成功	是□　　否□	

⑤使用数字万用表测量干电池的输出电压,记录数据,并判断结果。

★小提示

　　①如果测量时正负极接反,万用表显示屏会显示负号"–"。

　　②当误用交流电压挡去测量直流电压,或者误用直流电压挡去测量交流电压时,显示屏将显示"000",或低位上的数字出现跳动。

　　③在测量时若发现误选了其他功能挡,应在立即断开表笔的情况下重新调整挡位,以免损坏仪表。

★思考

　　①如果无法预先估计被测电压大小时,应如何操作?

　　②减小测量数据的误差要注意哪些操作?

【任务评价】

请完成表4-6的评价项目。

表4-6　学习任务评价表

评价内容	记录要点
在本次学习任务中,你主要学到了哪些知识与技能	数字万用表说明书的使用□　仪表、器材的选择□　手电筒电路的组成分析□　检查电路□　连接电路□　数字万用表的检查□　使用万用表测量电压□　数据记录□　结果判断□

续表

评价内容	记录要点
在本次学习中主要还存在什么问题	
你认为在使用万用表之前,有什么方法可以检测万用表的直流电压挡是否完好	
在学习过程中,你做了哪些安全操作?请举例	

【任务拓展】

请你在课余查阅指针式万用表的使用方法,并尝试使用 MF-47 型指针式万用表(见图 4-17)测量干电池的输出电压。

图 4-17　MF-47 型指针式万能表

【任务测试】

一、选择题

1.用两段导线、一节电池设法使一只小灯泡发光,某同学尝试了如图 4-18 所示的几种连接,你认为不能使小灯泡发光的是(　　)。

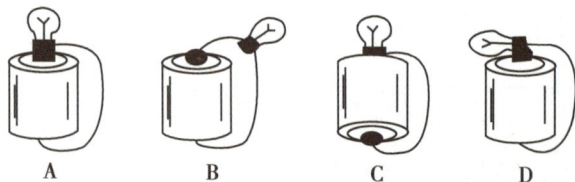

图 4-18　几种连接方式

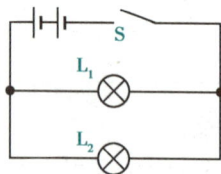

图 4-19　电路图

2.如图 4-19 所示电路,闭合开关 S 后,发现灯 L_1 不亮,L_2 正常发光。此电路的故障可能是(　　)。

A.开关 S 接触不良　　　　　　　　　　B.灯 L_1 的灯丝断了

C.灯 L_1 短路　　　　　　　　　　　　D.灯 L_2 短路

3.在如图 4-20 所示的 4 幅电路图中,符合电路基本组成条件且连接正确的是(　　)。

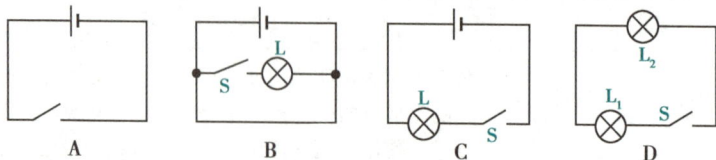

图 4-20　4 幅电路图

二、填空题

1.如图 4-21 所示为宾馆房间取电房卡,将房卡插入槽中,房间内的电器才能使用。房卡的作用相当于电路元件中的_____。

2.如图 4-22 所示,当开关 S_1 闭合时,电路为_____路;当开关 S_1、S_2 同时闭合时,电源被_____路;当开关 S_1、S_3 均闭合时,灯泡 HL 被_____路。

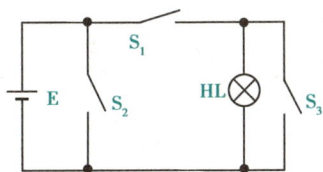

图 4-21　　　　　　　　图 4-22　　　　　　　　图 4-23

3.如图 4-23 所示电度表显示的读数为_____。

4.在如图 4-24 所示的电路中,合上全部开关后,属于电源短路状态的是_____(填编号),属于负载短路状态的是_____(填编号)。

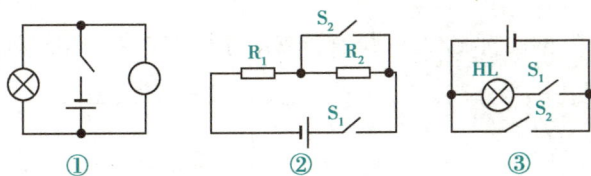

①　　　　　　　　②　　　　　　　　③

图 4-24　电路图

学习任务二　搭建与测量串联电路

日常生活中经常会见到一串串装饰用的节日彩灯,这些彩灯由很多个灯连接起来,如图 4-25 所示。同一串彩灯,如果其中一个坏了,其他的也都不亮了,它们是以怎样的方式连接到电源上的呢? 这种连接方式有什么特点? 给你一些器材和直流电源,请你搭建这样的电路,试用万用表测出电路中电流的大小,并学会用欧姆定律验证电流的大小与测量值是否相符。

图 4-25　装饰彩灯

【知识准备】

一、负载的连接方式

在电路中,负载可以是一个或多个,负载与负载之间的连接方式可以串联连接,也可以并联连接,还可以既有串联又有并联,即混联连接。

二、串联连接

所有的负载(元件)依此首尾相接,没有分支的连接方式称为串联连接,如图 4-26 所示。

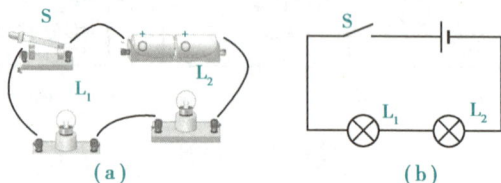

图 4-26　串联连接电路及电路图

三、串联电路的规律

1.串联电路的电流

串联电路中的电流处处相等,即元件串联时,流过每一元件中的电流相等。如图 4-27 所示电路,假设流过电阻 R_1、R_2、R_3 的电流分别为 I_1、I_2、I_3,电流中的总电流为 I,则有

图 4-27　3 个电阻串联连接电路

$$I = I_1 = I_2 = I_3$$

若有 n 个电阻相连,则可表示为

$$I = I_1 = I_2 = I_3 = \cdots = I_n$$

2.串联电路的电压

串联电路中每个元件两端的电压与元件电阻的大小成正比,电路的总电压为每个元件两端的电压之和。如图 4-28 所示电路,假设电阻 R_1、R_2、R_3 两端的电压分别为 U_1、U_2、U_3,

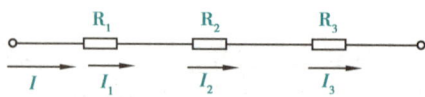

电路中的总电压为 U，则有

$$U = U_1 + U_2 + U_3$$

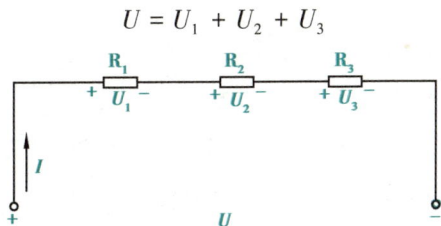

图 4-28　3 个电阻串联连接电路

若有 n 个电阻相连，可表示为

$$U = U_1 + U_2 + U_3 + \cdots + U_n$$

由于流过每个电阻的电流相等，则每个电阻两端的电压与电阻值成正比，即

$$\frac{U_1}{U_2} = \frac{R_1}{R_2}$$

从以上规律可知，电阻串联有分压作用，电阻分得的电压高低与自身的电阻值大小成正比。

★思考

①将 $R_1 = 20\ \Omega$ 和 $R_2 = 40\ \Omega$ 的两个电阻串联，接在 30 V 的电路上，你知道每个电阻两端的电压吗？

②$R_1 = 10\ \Omega$ 和 $R_2 = 20\ \Omega$ 的两个电阻串联，R_1 两端的电压为 5 V，你能求出 R_2 两端的电压吗？

3.串联电路的等效电阻

如果用一个电阻去代替电路中所有的电阻，电路中的电流、电压和功率不变，将这个电阻称为电路中所有电阻的等效电阻。利用等效电阻代替电路中的所有电阻元件，可以起到简化电路的作用。

在串联电路中，等效电阻等于各个电阻之和。如图 4-29 所示电路，设电路的等效电阻为 R，则它跟每一个电阻的关系式可表示为

$$R = R_1 + R_2$$

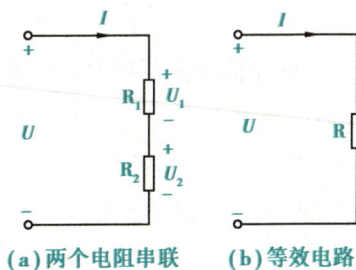

(a) 两个电阻串联　　**(b) 等效电路**

图 4-29　串联电阻电路及等效电路图

若有 n 个电阻相连，等效电阻 R 可表示为

$$R = R_1 + R_2 + R_3 + \cdots + R_n$$

★思考

①将两个 1 kΩ 的电阻串联,你知道等效电阻是多少吗?3 个 1 kΩ 的电阻串联呢?

②4 个相同的电阻串联,等效电阻为 2 Ω,你知道每个电阻的大小吗?

③一个阻值 R 为 20 Ω,额定电压 U_N 为 25 V 的灯泡,能不能直接接在电源电压为 30 V 的电路中?如果不行,需要串联一个多大的电阻?

四、欧姆定律

1.欧姆定律的内容

在一段不包含电源的电路中,当导体的温度不变时,导体中的电流与它两端的电压成正比,与它的电阻成反比,这个结论就是欧姆定律。

当电压与电流的方向一致时(均由 a 指向 b 时),如图 4-30 所示电路,欧姆定律可表示为

$$I = \frac{U}{R} \text{ 或 } U = IR$$

式中,电压 U 的单位为 V;电阻 R 的单位为 Ω;电流 I 的单位为 A。

图 4-30　一段不含电源的电路

2.运用欧姆定律应注意的问题

①U、I、R 是同一段导体上的 3 个物理量。

②欧姆定律 $I = \frac{U}{R}$ 可改写为 $R = \frac{U}{I}$,它是导体电阻的量度公式。对一定的导体(线性电阻),U 与 I 的比值是一个恒量。

③当电路中的 U 与 I 方向一致时,才能使用 $I = \frac{U}{R}$。

五、使用数字式万用表测直流电流

使用数字式万用表测量直流电路的电流,应注意将万用表调到直流电流挡,并将万用表的两支表笔串联在电路中,直流电流挡共有 4 个量程挡,分别是:2 mA、20 mA、200 mA 和 2 A,测量时应根据测量电流的大小选择合适的量程挡,见表 4-7(以 DT-9205A 为例)。

表 4-7　数字式万用表测量直流电流的主要步骤

步骤	图示	主要操作内容	注意事项
1	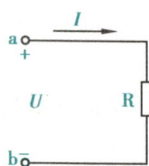	检查数字式万用表(外观检查、检查要检测的电压是否在万用表的检测范围内等)	使用前,应认真阅读有关的使用说明书,熟悉电源开关、量程开关、插孔;外观检查是否有破损、电池盒是否合上,电压的测量范围标注在插孔旁边

续表

步骤	图示	主要操作内容	注意事项
2		按下"POWER"键,打开万用表电源,检查9 V电池,如果电池电压不足,将显示在显示器上,这时则需更换电池	当显示"⊟⊞""BATT"或"LOW BAT"时,表示电池电压低于工作电压
3	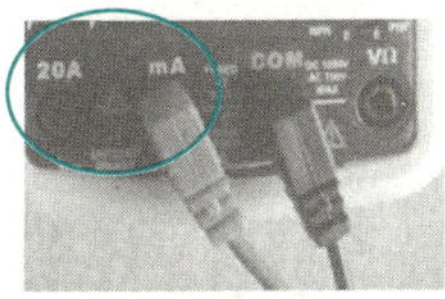	将黑表笔插入"COM"孔,红表笔插入"mA"孔或者"20 A"孔	当测量电流最大值为200 mA时,红表笔插入"mA"孔;当测量电流最大值为20 A时,红表笔应插入"20 A"孔
4	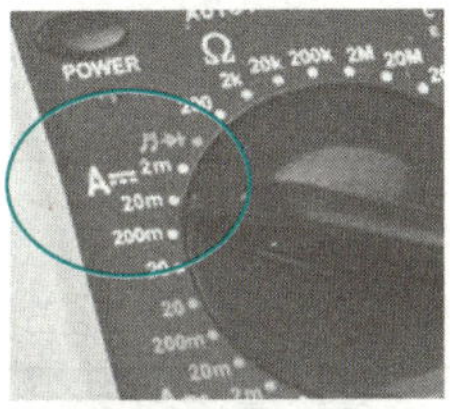	将功能开关置于直流电流挡A量程范围,应把旋钮选到比估计值大的量程	表盘上的数值均为最大量程,如2 m表示最大量程是2 mA。如果不知被测电流范围,应先将功能开关的旋钮置于最大量程并逐渐下降
5	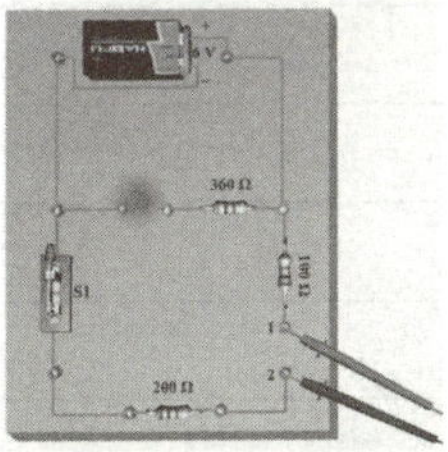	将测试电路断电,断开电路中的某一点,并将表笔连接到电路中,注意红表笔接正极,黑表笔接负极(即串联在被测线路中)	直流电流的流向是从电源的正极流向负极,被测线路中电流从一端流入红表笔,经万用表黑表笔流出,再流入被测线路中
6	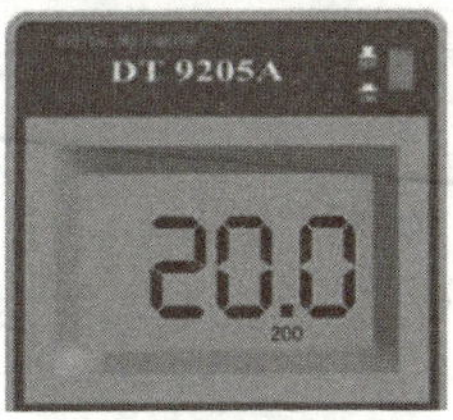	接通电路,并进行读数	待数据稳定时,才可读数。若显示为"1.",表明量程太小,就要加大量程后再测量。若在数值左边显示有"−",则表明红黑表笔接反
7		测量完毕,应将量程开关拨到最高电压挡,并再次按"POWER"键,关闭电源	如果长期不使用,还应将万用表内部的电池取出来,以免电池腐蚀表内其他器件

【任务实施】

①将完成任务所需的工具、仪表和器材填入表4-8中。

表4-8 工具、仪表和器材

请你选择所需仪表、器材,在对应的□中打"√"
干电池□　　　直流电源□　　交流电源□　　小灯泡□　　发光二极管□　　　1 kΩ电阻□　　100 Ω电阻□
200 Ω电阻□　　按钮开关□　　钮子开关□　　导线□　　指针式万用表□　　数字式万用表□

②根据所选元件和器材,画出需要连接电路的电路图。

电路图:

③根据安全操作规范,连接电路,记录过程,填写表4-9。

表4-9 电路连接步骤

连接过程	注意事项

★小提示

①连接电路时,电源开关为断开状态,红色线连正极,黑色线连负极。

②将万用表接入电路时,先断开电路的一点,再接入表笔,注意红笔接正极,黑笔接负极。

④检查电路,观察结果,根据实际情况填写表4-10。

表4-10 电路检查

操作内容	结果(填"是"或"否")	电路所处状态
在通电前先检查电路是否有短路情况		
在未合上(电源)开关前,电路是否通电		
合上(电源)开关,表针是否有偏转		
判断:电路连接是否成功	是□　　　否□	

⑤使用数字万用表测量电路的直流电流,记录数据,并验证欧姆定律。

a.请填写表4-11,并计算电流I的值。

表4-11　测量与计算

序号	电源电压标称值/V	负载电阻R_1标称值/Ω	负载电阻R_2标称值/Ω	负载电阻R_3标称值/Ω	电路等效电阻值R/Ω	电路电流I的计算值/mA	电路电流I的测量值/mA
1							
2							
3							

b.对比表4-11中电流I的计算值和测量值大小,你得到了什么结论? 这两个值相等吗? 如果不相等,是哪些原因造成的?

★小提示

①标称值是指直接标记在设备或器材上的数据,可以直接读出来。

②如果负载选用的是灯泡,没有电阻标称值,则填写利用万用表测量出来的值(测量值)。

③不可带电测量电阻。在测量负载电阻时,一定要将该负载从电路中断开。

④为减少不必要的误差,测量电路的等效电阻R时,可将多个负载连接好后从电路摘下,再进行测量。

★思考

①为什么要选取3组数据进行比较?如果这3组数据的电流I计算值和测量值均相差很大,说明了什么问题?

②应如何操作才能让电流I的计算值与测量值相等?

【任务评价】

请完成表4-12的评价项目。

表4-12　学习任务评价表

评价内容	记录要点
在本次学习任务中,你主要学到了哪些知识与技能	数字万用表说明书的使用□　仪表、器材的选择□　串联电路的组成分析□　检查电路□　连接电路□　数字万用表的检查□　识读或测量负载电阻的标称值□　电路等效电阻的计算□　电路等效电阻的测量□　利用欧姆定律计算电流值□　使用万用表测量电流□　数据记录□　结果判断□

续表

评价内容	记录要点
在本次学习中主要还存在什么问题	
你认为将万用表接入电路时,接入的位置不同,会影响电流值的大小吗	
在学习过程中,你做了哪些安全操作?请举例	

【任务拓展】

请你在课余查阅指针式万用表的使用方法,并尝试使用 MF-47 型指针式万用表(见图 4-31)测量直流电路的电流。

图 4-31　MF-47 型指针式万用表

【任务测试】

一、填空题

1.n 个相等的电阻 R 串联,其等效电阻等于 _____;n 个相等的电阻 R 并联,其等效电阻等于 _____。

2.两个电阻 R_1 和 R_2,已知 $R_1 : R_2 = 1 : 2$。若它们在电路中串联,则两电阻上的电压比 $U_1 : U_2 =$ _____;两电阻上的电流比 $I_1 : I_2 =$ _____;它们消耗的功率比 $P_1 : P_2 =$ _____。

3.有两个电阻,当把它们串联起来时总电阻为 10 Ω,当把它们并联起来时总电阻为 2.5 Ω,这两个电阻分别为 _____ Ω 和 _____ Ω。

4.如图 4-32 所示的电路中,闭合开关 S 后,两个灯泡均不亮。为了诊断该电路的故障,现用一根导线接在 A、B 两点之间,两个灯泡仍然均不亮;用导线接在 B、C 两点之间,L_1 发光,L_2 不发光。请根据以上现象判断,电路的故障可能是 _____(用图中的字母表示)段发生 _____(选填"开路"或"短路")。

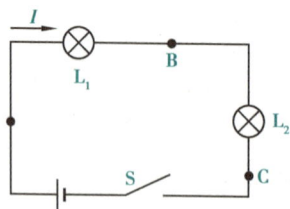
图 4-32

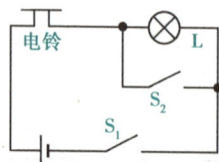
图 4-33

二、选择题

如图 4-33 所示的电路,闭合开关 S_1 和 S_2 后,下列分析正确的是(　　)。

A.灯亮,电铃响　　　　　　　　　　B.灯亮,电铃不响

C.灯不亮,电铃响　　　　　　　　　　D.灯不亮,电铃不响

学习任务三　搭建与测量并联电路

串联电路用一个开关可以控制所有的负载,但若有一个负载损坏导致断路,则电路的其他负载也不能得电。在日常生活中的电路是这样连接的吗? 如果不是,家庭里的电灯和洗衣机是怎样连接的? 给你一些器材和直流电源,请你搭建一个电路,同样使一个开关可以控制所有的负载,但每一个负载(支路)的断开不影响其他的负载通电,且每一个负载均用一个开关控制它的通断,最后用万用表测量电路的总电流与每一条支路的电流。

【知识准备】

一、并联连接

将所有的负载(元件)的一端连接在一起构成一个节点,另一端也连接在一起构成另一个节点的方式称为并联连接,组成的电路称为并联电路。如图 4-34 所示电路,并联电路的电阻或元件连接在两个节点之间,每个电阻或元件就是一条支路。L_1、L_2 两盏灯分别在两条支路上,它们的一端连在一起跟开关 S 的一端相接,另一端也连在一起跟电源的负极相接。

二、并联电路的规律

1.并联电路的电压

并联的电阻或元件都连接在相同的两个节点之间,它们两端的电压都相同。并联电阻两端的电压相同,与电阻的大小无关。如图 4-35 所示电路,假设电阻 R_1、R_2、R_3 两端的电压分别为 U_1、U_2、U_3,电流中的总电压为 U,则有

$$U = U_1 = U_2 = U_3$$

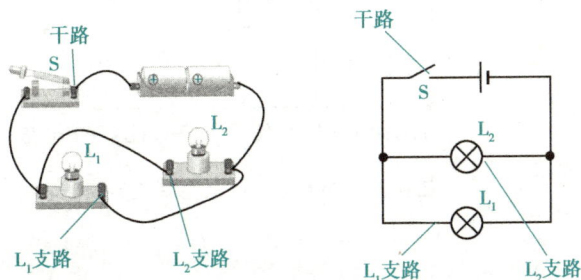

图 4-34　并联连接及并联电路

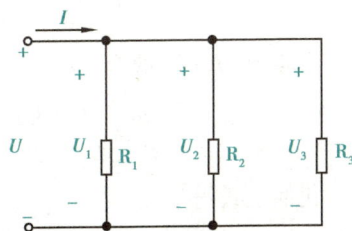

图 4-35　并联电路的电压表示

若有 n 个电阻并联,可表示为

$$U = U_1 = U_2 = U_3 = \cdots = U_n$$

2.并联电路的电流

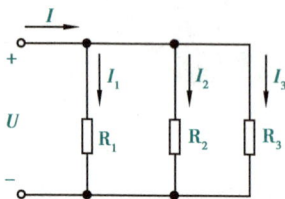

图 4-36　并联电路的电流表示

如图 4-36 所示电路,假设电路总电流为 I,流过电阻 R_1、R_2、R_3 的电流分别为 I_1、I_2、I_3,则有电流的总量 I 与各分支电流的和应该相等,即

$$I = I_1 + I_2 + I_3$$

若有 n 个电阻相连,则可表示为

$$I = I_1 + I_2 + I_3 + \cdots + I_n$$

由于流过每个电阻两端的电压相等,可知 $I_1 R_1 = I_2 R_2$,进一步推导可得

$$\frac{I_1}{I_2} = \frac{R_2}{R_1}$$

从上式可知,并联电路电流的分配与电阻的大小成反比,电阻越小,流过电阻的电流越大。电路总电流为各支路电流之和。并联电阻的这种作用称为分流。

★思考

①将 $R_1 = 10\ \Omega$ 和 $R_2 = 5\ \Omega$ 的电阻并联,通过 R_1 的电流为 1 A,你知道通过 R_2 的电流吗?

②已知"50 W、220 V"灯泡 L_1 的电阻 $R_1 = 968\ \Omega$,"100 W、220 V"灯泡 L_2 的电阻 $R_2 = 484\ \Omega$,将这两个灯泡并联在电源为 220 V 的电路中,通过灯泡 L_1 的电流约为 0.23 A,你能求出流过灯泡 L_2 的电流吗?

3.并联电路的等效电阻

用等效电阻去代替所有并联的电阻,电源的总电流不变。如图 4-37 所示,两个电阻并联的电路,设电路的等效电阻为 R,总电流为 I,则有

$$I = \frac{U}{R}$$

由于 $I = I_1 + I_2$,故有

$$\frac{U}{R} = \frac{U_1}{R_1} + \frac{U_2}{R_2}$$

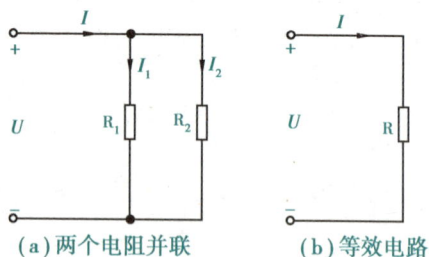

(a)两个电阻并联　　(b)等效电路

图 4-37　两个电阻并联电路及等效电路图

化简上式得

$$\frac{1}{R} = \frac{1}{R_1} + \frac{1}{R_2}$$

即两个电阻并联的等效电阻 R 可表示为

$$R = \frac{R_1 R_2}{R_1 + R_2}$$

由此可知,并联电路等效电阻的倒数等于各支路电阻的倒数之和。

当有 n 个电阻值均为 R_1 的电阻并联时,等效电阻 R 为

$$R = \frac{R_1}{n}$$

若有 n 个不同阻值的电阻并联,则等效电阻 R 为

$$\frac{1}{R} = \frac{1}{R_1} + \frac{1}{R_2} + \frac{1}{R_3} + \cdots + \frac{1}{R_n}$$

★思考
　①将 2 个 1 kΩ 的电阻并联,你知道等效电阻是多少吗? 5 个 1 kΩ 的电阻并联呢?
　②5 个相同的电阻并联,等效电阻为 2 kΩ,你知道每个电阻的大小吗?

【任务实施】

①将完成任务所需的工具、仪表和器材填入表 4-13 中。

表 4-13   工具、仪表和器材

请你选择和填写所需仪表、器材,在对应的□中打"√"				
干电池□	直流电源□	蓄电池□	小灯泡□	发光二极管□
日光灯□	_____ Ω 电阻□	_____ Ω 电阻□	_____ Ω 电阻□	按钮开关□
钮子开关□	导线□	指针式万用表□	数字式万用表□	

②根据所选元件和器材,画出需要连接电路的电路图。

电路图:

③根据安全操作规范,连接电路,记录过程,填写表 4-14。

表 4-14   电路连接步骤

连接过程	注意事项

续表

连接过程	注意事项

★小提示

①连接电路时,一定要保证电路处于断电状态。

②在没有多台万用表的情况下,可依次测量I、I_1、I_2……但每次测量时要先断开电路,再接入万用表。

③万用表使用前,应根据所选的电源电压和负载电阻估算电路电流,尽量选择合适的量程测量。

④检查电路,观察结果,根据实际情况填写表4-15。

表4-15 电路检查

操作内容	结果(填"是"或"否")	电路所处状态
在通电前先检查电路是否有短路情况		
在未合上(电源)开关前,电路是否已通电		
合上(电源)开关,表针是否有偏转		
每一条支路是否由一个开关控制		
每一条支路的断开是否不影响其他支路的通断		
判断:电路连接是否成功	是□ 否□	

⑤使用数字式万用表测量电路的总电流与各支路电流,记录数据,并判断结果。

a.请填写表格4-16,并计算电流I的值。

表4-16 测量与计算

序号	电源电压标称值/V	电路等效电阻值R/Ω	电路总电流I的计算值/mA	流过支路1的电流I_1/mA	流过支路2的电流I_2/mA	流过支路3的电流I_3/mA	电路总电流I的测量值/mA
1							
2							
3							

b.对比表4-16中电流I的计算值和测量值大小,是否相等?

c.电路总电流I是否等于$I_1+I_2+I_3$?如果不相等,是哪些原因造成?

★ 小提示

①测量电路的等效电阻 R 时,可将多个负载连接好后在未接入电路前先用万用表欧姆挡进行测量,这样可避免通电测量电阻。

②在使用单台万用表测量电流时,为避免不必要的误差,每测量一个电流值均应闭合所有电路开关。

【任务评价】

请完成表 4-17 的评价项目。

表 4-17　学习任务评价表

评价内容	记录要点
在本次学习任务中,你主要学到了哪些知识与技能	数字万用表说明书的使用□　仪表、器材的选择□　串联电路的组成分析□　检查电路□　连接电路□　数字万用表的检查□　电路等效电阻的计算□　电路等效电阻的测量□　利用欧姆定律计算电流值□　使用万用表测量电路总电流□　使用万用表测量支路电流□　数据记录□　结果判断□
在本次学习中主要还存在什么问题	
在万用表使用前,应先估算电流最大值,以便选择适当的量程。你认为应如何估算每一条支路的电流值大小?请列举任意一条支路的估算过程	
在学习过程中,你做了哪些安全操作?请举例	

【任务拓展】

小轿车上都装有一只用来提醒司机是否关好车门的指示灯,如图 4-38 所示,4 个车门中只要有 1 个门没关好(相当于一个开关断开),该指示灯就会发光。请设计一个符合要求的电路。

图 4-38　车门灯

【任务测试】

一、填空题

1.在家庭中,电灯、电风扇、电冰箱、电视机等电器都是_____连接。

2.两个电阻 R_1 和 R_2，已知 $R_1 : R_2 = 1 : 2$。若它们在电路中并联，则两电阻上的电压比 $U_1 : U_2 =$ _____；两电阻上的电流比 $I_1 : I_2 =$ _____，它们消耗的功率比 $P_1 : P_2 =$ _____。

3.两个并联电阻，其中 $R_1 = 200\ \Omega$，通过 R_1 的电流 $I_1 = 0.2\ A$，通过整个并联电路的电流 $I = 0.6\ A$，则 $R_2 =$ _____ Ω，通过 R_2 的电流 $I_2 =$ _____ A。

二、选择题

1.如图 4-39 所示电路，若要使 $R_1 R_2$ 并联，则（　　）。

A.只闭合 S_1 　　　　B.只闭合 S_2 　　　　C.只闭合 S_1、S_2 　　　　D.只闭合 S_1、S_3

2.如图 4-40 所示电路，分析图中各开关的断开与闭合所形成的电路情况，正确的是（　　）。

A.只闭合 S_2、S_3 时，灯 L_1、L_2 串联　　　　B.只闭合 S_1 时，灯 L_1、L_2 串联

C.只闭合 S_1、S_2 时，灯 L_1 亮 L_2 不亮　　　　D.同时闭合 S_1、S_2、S_3 时，灯 L_1、L_2 并联

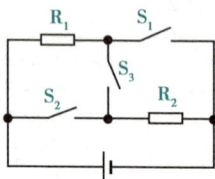　　　　　　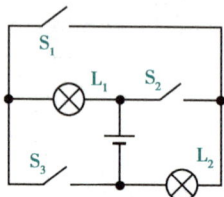

图 4-39　　　　　　　　　　　　　　　　图 4-40

3.在如图 4-41 所示的电路中，开关闭合后，两个灯泡属于并联电路的是（　　）。

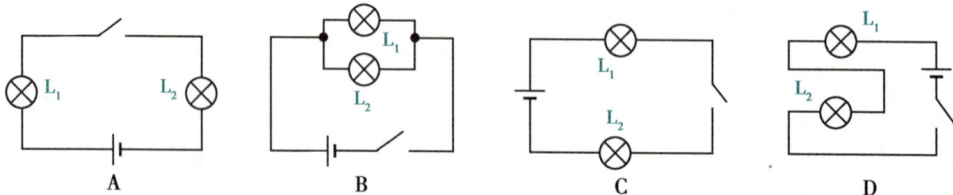

图 4-41

4.有两个小灯泡并联在由两节干电池供电的电路中，且都发光，如果其中一个小灯泡突然坏了，则出现的现象是（　　）。

A.另一灯泡仍发光，亮度不变

B.另一灯泡仍发光，亮度变暗

C.另一灯泡仍发光，亮度会有所增加

D.另一灯泡也不发光

5.如图 4-42 所示是一幅简化的电冰箱电路图，学习了串联和并联电路知识，你能看懂这幅电路图吗？其中，M 是压缩机用的电动机，L 是电冰箱内的照明灯泡，电路图中的灯泡 L 与电动机 M 是串联还是并联？请写出你的猜想和判断方法。

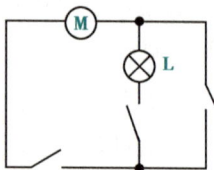

图 4-42

/学习任务四/ 搭建与测量混联电路

　　日常生活中的电路既有串联又有并联。如走廊的路灯因使用时间较长容易损坏,为了延长使用寿命,常用的方法是两个灯泡串联,这样串联好的走廊灯再跟其他用电器进行并联就组成了这样混合连接的电路。如图 4-43 所示为医院病房与护士值班室的示意图,病人需要护理时,只需要按床边的按钮开关就能呼叫护士:如 1 号床的病人按下开关 S_1,护士值班室的电铃响,同时 L_1 指示灯亮;2 号床的病人按下开关 S_2,护士值班室的电铃响,同时 L_2 指示灯亮;同理,其他床号的病人也可按此方法呼叫。请你选择器材和电源,试搭建出符合要求的电路,并使用万用表测量电铃和指示灯两端的电压,验证分压原理。

图 4-43　病房与护士值班室示意图

【知识准备】

一、混联连接

　　既有负载串联,又有负载并联,这样的连接方式称为混联。由负载混联组成的电路称为混联电路。如图 4-44 所示的两个电路是比较简单的混联电路,图 4-44(a)为灯 L_2 与灯 L_3 串联组成一条支路,再与灯 L_1 并联;图 4-44(b)为灯 L_2 与灯 L_3 并联成一条支路后再与灯 L_1 串联。为了分析方便,通常把此电路化成由电阻元件组成的电路,如图 4-45 所示。

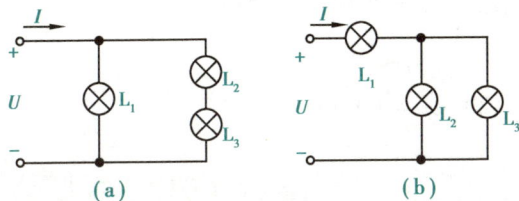

图 4-44　负载的混联连接

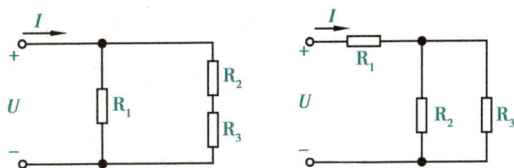

图 4-45　电阻的混联连接

二、混联电路的分析

　　分析混联电路,应先计算串联或并联支路的等效电阻,再计算整个电路的等效电阻,把电路一步一步化简成只有一个电阻的简单电路。如图 4-46(a)所示,可一步步简化成如图

4-46（c）所示电路。

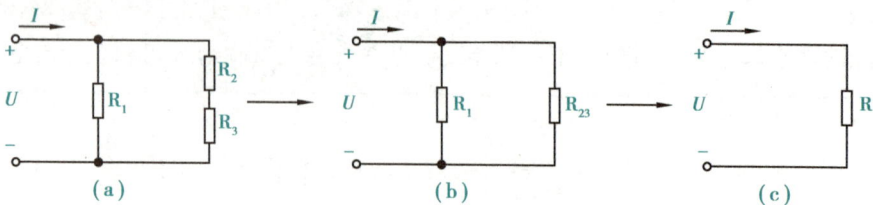

图 4-46 混联电路的化简 1

由图 4-46（a）可知，R_2 与 R_3 串联，可用等效电阻 R_{23} 代替，化简成如图 4-46（b）所示电路，则有 $R_{23} = R_2+R_3$。此时可以看出 R_1 与 R_{23} 并联，再用等效电阻 R 代替，则化简成如图 4-46（c）所示电路，最后可以算出整个电路的等效电阻 R 为

$$R = \frac{R_1 R_{23}}{R_1 + R_{23}}$$

其中，$R_{23} = R_2+R_3$。

同理，如图 4-47（a）所示，可一步步简化成如图 4-47（c）所示电路。

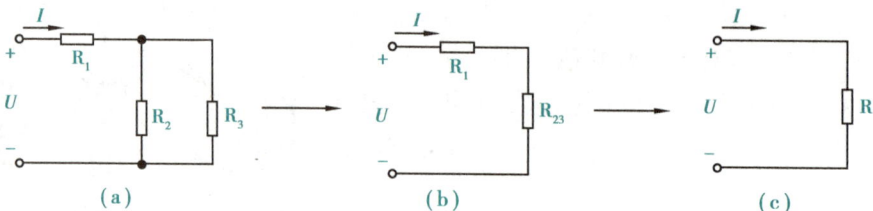

图 4-47 混联电路的化简 2

由图 4-47 可知，图 4-47（b）中的 R_{23} 是 R_2 与 R_3 并联后的等效电阻，图 4-47（c）中的 R 是 R_1 与 R_{23} 串联后的等效电阻。故

$$R_{23} = \frac{R_2 R_3}{R_2 + R_3}, R = R_1 + R_{23}$$

假设 $R_1 = 500\ \Omega, R_2 = 2\ \text{k}\Omega, R_3 = 3\ \text{k}\Omega$，则先求出等效电阻 R_{23}，即

$$R_{23} = \frac{R_2 R_3}{R_2 + R_3} = \frac{2 \times 10^3 \times 3 \times 10^3}{2 \times 10^3 + 3 \times 10^3}\Omega = 1200\ \Omega = 1.2\ \text{k}\Omega$$

最后求出整个电路的等效电阻 R，即

$$R = R_1 + R_{23} = 500\ \Omega + 1200\ \Omega = 1700\ \Omega$$

【任务实施】

①将完成任务所需的工具、仪表和器材填入表 4-18 中。

表 4-18　工具、仪表和器材

请你选择或填写所需仪表、器材,在对应的□中打"√"				
干电池□　　直流电源□　　蓄电池□			小灯泡□	电铃□　　　　发光二极管□
指示灯□　　日光灯□　　_____Ω 电阻□			_____Ω 电阻□	_____Ω 电阻□
按钮开关□　钮子开关□　导线□			指针式万用表□	数字式万用表□

②根据所选元件和器材,画出需要连接电路的电路图。

电路图:

③根据安全操作规范,连接电路,记录过程,填写表 4-19。

表 4-19　电路连接步骤

连接过程	注意事项

★小提示

①连接电路时,一定要保证电路处于断电状态。

②如果没有电铃,可用指示灯或者发光二极管灯代替。

④检查电路,观察结果,根据实际情况填写表 4-20。

表 4-20　电路检查

操作内容	结果(填"是"或"否")	电路所处状态
在通电前先检查电路是否有短路情况		
在未合上(电源)开关前,电路是否已通电		
合上(电源)开关,指示灯或电铃是否有发光或响铃		

续表

操作内容	结果(填"是"或"否")	电路所处状态
每一个病床开关是否能控制对应的电铃和指示灯通断		
一个病床的开关是否不影响其他病床		
判断:电路连接是否成功	是□　否□	

⑤使用数字万用表测量电路的总电流与各支路电流,记录数据并判断结果。

a.请填写表4-21。

表4-21　测量与计算

序号	电源电压 U 的标称值/V	电源电压 U 的测量值/V	电铃两端电压 U_1 的测量值/V	1号病床指示灯两端电压 U_2 的测量值/V	2号病床指示灯两端电压 U_3 的测量值/V	3号病床指示灯两端电压 U_4 的测量值/V
1						
2						
3						

b.对比表4-21中电源电压 U 的计算值和测量值大小,是否相等?如果不相等,误差在正常范围吗?

c.1号、2号、3号病床指示灯两端电压 U_2、U_3、U_4 是否相等?为什么?

d.电路总电压 U 是否等于 $U_1 + U_2$,或者 $U_1 + U_3$,或者 $U_1 + U_3$?如果不相等,该如何调整电路?

【任务评价】

请完成表4-22的评价项目。

表4-22　学习任务评价表

评价内容	记录要点
在本次学习任务中,你主要学到了哪些知识与技能	数字万用表说明书的使用□　仪表、器材的选择□　电路的设计□　检查电路□　连接电路□　数字万用表的检查□　电源电压 U 的测量□　电铃两端电压 U_1 的测量□病床指示灯两端电压的测量□　数据记录□　结果判断□
在本次学习中主要还存在什么问题	
你在本次学习中运用了哪些已学过的知识或规律去解决问题	
在学习过程中,你做了哪些安全操作?请举例	

【任务拓展】

家用电吹风筒由电动机 M 和电热丝 R 等组成。为了保证电吹风的安全使用,要求电动机不工作时,电热丝不能发热,在电热丝不发热的情况下,电动机仍能工作。请你设计出符合要求的电路。

【任务测试】

一、填空题

如图 4-48 所示为一个复杂电路等效为一个简单电路的过程,已知:$R_2 = R_3 = 10\ \Omega$,$R_1 = 5\ \Omega$,则 $R_{23} =$ _____ Ω,$R_{123} =$ _____ Ω。

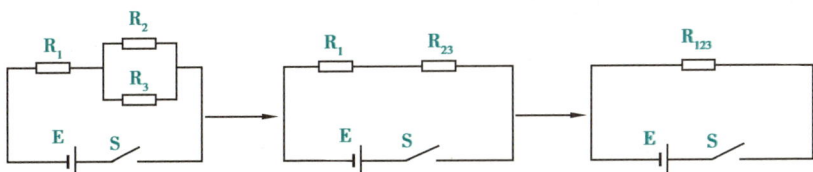

图 4-48

二、选择题

1.电路 a、b 间 3 个用电器的连接情况如图 4-49 所示,下列判断正确的是(　　)。

A.L_1 和 L_2、L_3 均为串联

B.L_1 和 L_2、L_3 均为并联

C.L_1 和 L_2 并联后再和 L_3 串联

D.L_2 和 L_3 并联后再和 L_1 串联

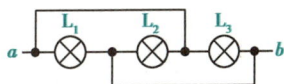

图 4-49

2.利用"光控开关"和"声控开关"可以节约居民楼楼道的用电。其中,"光控开关"能在天黑时自动闭合,天亮时自动断开;"声控开关"能在有声音时自动闭合,无声音时自动断开。如图 4-50 所示的 4 幅电路图中,合理节约的楼道电路为(　　)

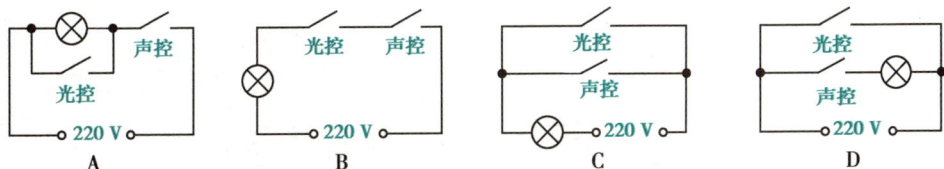

图 4-50

3.为保证司乘人员的安全,轿车上设有安全带未系提示系统,当乘客坐在座椅上时,座椅下的开关 S_1 闭合,若未系安全带(安全带控制开关 S_2 断开)仪表盘上的指示灯将亮起;当系上安全带时,安全带控制开关 S_2 闭合,指示灯熄灭,图 4-51 所示电路图设计最合理的为(　　)。

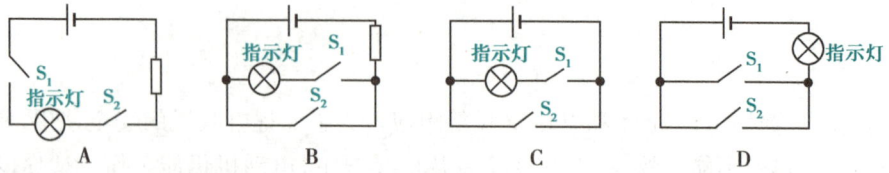

图 4-51

三、计算题

某顾客看中铭牌如图 4-52 所示的某电热水器,请帮他计算一下:

(1)该热水器正常工作时的电流为多少?

(2)若每日使用该热水器 2 h,假设每度电费为 1 元,一个月(按 30 天计)需要交多少电费?

型号：×××-××××××	容量：40 L
额定功率：2.2 kW	防护等级：IPX4
额定电压：220 V	设定温度：30~75 ℃
额定频率：50 Hz	额定压力：0.75 MPa

图 4-52

项目五 | 认识典型的电子电路

半导体二极管和三极管是最简单的半导体器件,它们在电子技术中有着非常广泛的应用。识别常用半导体器件的种类,掌握检测晶体管质量的方法是学习电子技术必须掌握的一项基本技能。

项目学习任务:

```
二极管整流电路的认识                              二极管的认识与检测

                        认识典型的电子电路

三极管电路的认识                                  三极管的认识与检测
```

学习目标:

①会对二极管、三极管的类别、型号、引脚进行初步判断;

②会对二极管、三极管的好坏进行判断,并对二极管、三极管的其他相关参数进行检测;

③会分析含有二极管的电路;

④知道三极管开关电路、放大电路的组成,了解三极管电流分配关系和电流放大作用。

/学习任务一/ 认识二极管及整流电路

半导体器件由于具有体积小、质量轻、使用寿命长、输入功率小和功率转换效率高等优点得到广泛的应用。很多电子产品如手机、电视机、计算机、照明灯等,都用到了半导体器件。二极管是典型的半导体元件,在汽车上应用广泛,如图5-1所示。

【知识准备】

一、导体、半导体和绝缘体

1.导体

很容易导电的物质称为导体。金属一般都是导体,如图5-2所示。

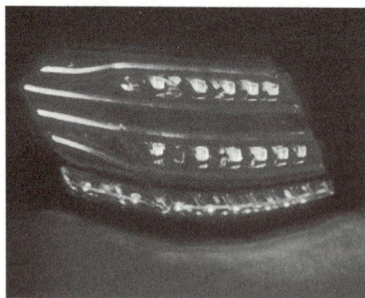

图5-1　二极管在汽车灯光中的应用　　　图5-2　金属导线

2.绝缘体

有的物质几乎不导电,称为绝缘体,如橡皮、陶瓷、塑料和石英,如图5-3所示。

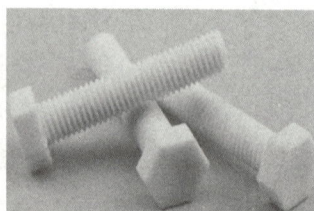

(a)橡皮　　　　　　　(b)陶瓷　　　　　　　(c)塑料

图5-3　绝缘体材料

3.半导体

另有一类物质的导电性处于导体和绝缘体之间,称为半导体,如锗、硅、砷化镓等,如图5-4所示。

纯净半导体不导电,掺入杂质的半导体才可导电。掺杂半导体分P型和N型。用特定的制造工艺将 P 型和 N 型半导体相结合,在其交界面便形成特殊的薄层,称为 PN 结,如图 5-5 所示。

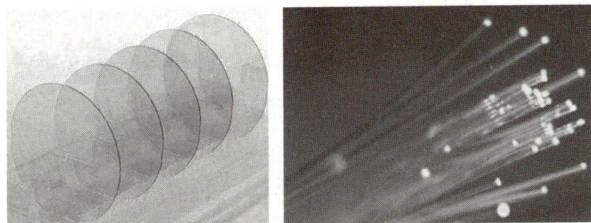

图 5-4 半导体材料

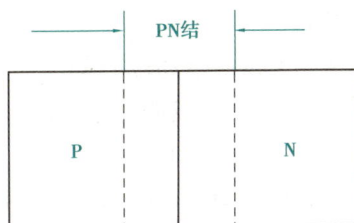

图 5-5 PN 结的形成

二、二极管

1.二极管的结构

PN 结加上引出线和管壳就构成半导体二极管,简称二极管,如图 5-6 所示。

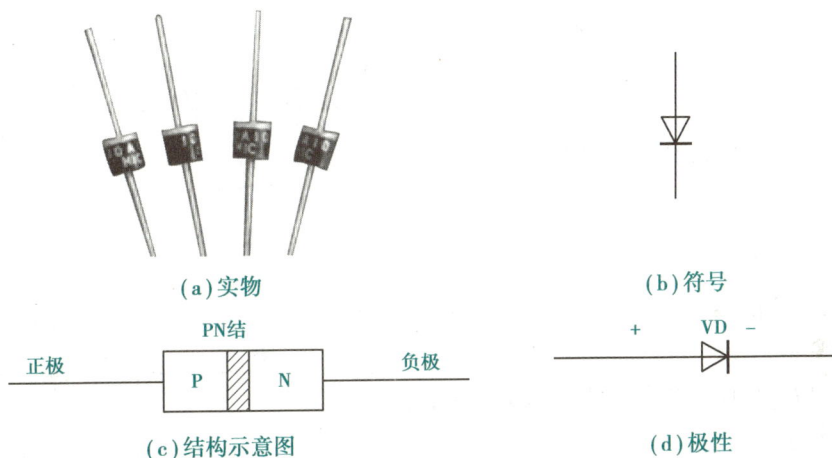

(a)实物

(b)符号

(c)结构示意图

(d)极性

图 5-6 二极管结构与符号

2.二极管的特性

二极管是最常用的半导体器件之一,它具有单向导电性。在二极管上加上正向电压,它能导通;加上反向电压,则不能导通。即正向导通,反向截止,如图 5-7 所示。

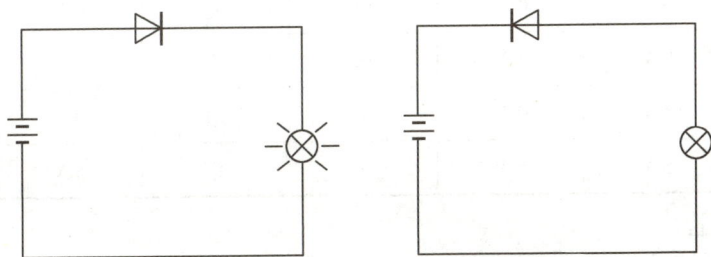

图 5-7 二极管的单向导电性

3.二极管的主要性能和参数

●最大整流电流:二极管能够允许通过的最大平均电流值,它由半导体材料和 PN 结的面积决定。

●最大反向(峰值)工作电压:允许承受的最大反向电压,由半导体材料和掺杂浓度决定。

●反向电流:反向电流大说明二极管的单向导电性能差,且受温度的影响也大。

4.二极管的应用

二极管在电路中的作用有整流、开关、限幅、续流、钳位、检波及元件保护等,在汽车电路中整流、开关电路用得比较多。

(1)整流电路

利用二极管的单向导电性可以将交流电转变为直流电,如图 5-8 所示。

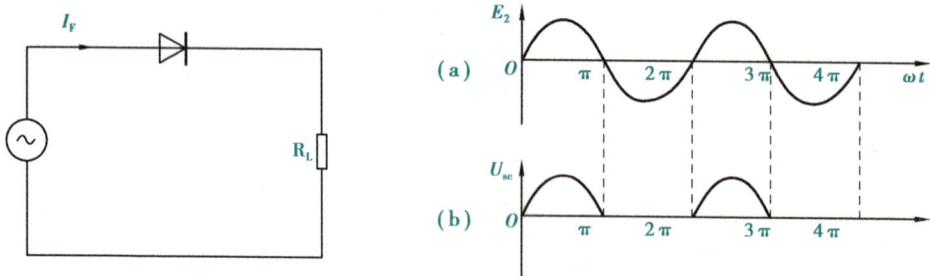

图 5-8　整流电路图

(2)开关电路

利用二极管正向导通,反向截止的特性,可组成开关电路,如图 5-9 所示。

当 U_{i1} 和 U_{i2} 在 0 V 和 5 V 的不同组合下,输出电压 U_o 的变化见表 5-1。

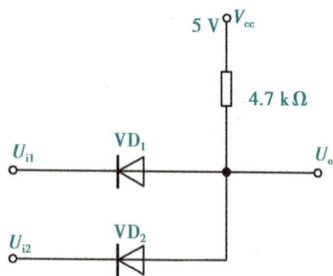

图 5-9　开关电路图

表 5-1　二极管开关电路工作情况

U_{i1}	U_{i2}	VD_1	VD_2	U_o
0 V	0 V	通	通	0 V
0 V	5 V	通	止	0 V
5 V	0 V	止	通	0 V
5 V	5 V	止	止	5 V

5.特殊二极管

(1)稳压二极管

稳压二极管是一种特殊的硅二极管,工作在反向击穿区,如图 5-10 所示。

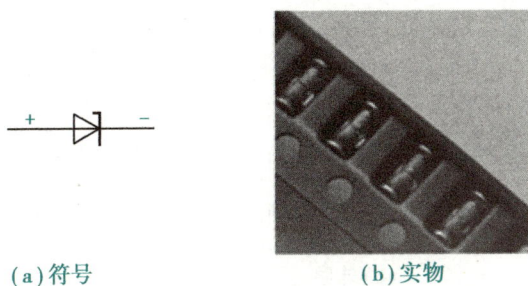

（a）符号　　　　　　　（b）实物

图 5-10　稳压二极管

如图 5-11 所示稳压电路图,稳压管工作必须加反向电压。若 U_i 增加,则 U_o 有增加的趋势,即 U_z 会增大,I_z 会大大增加,使 I_R 大大增加,限制了 U_o 的增加,维持不变;反之亦然。

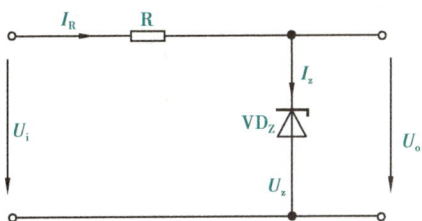

图 5-11　稳压电路

（2）发光二极管（LED）

发光二极管是将电能变成光能的半导体器件,如图 5-12 所示。

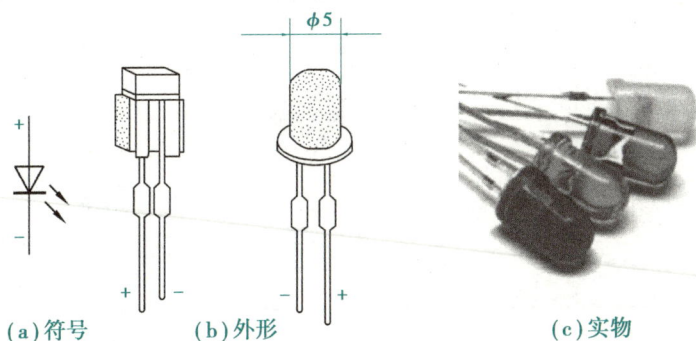

（a）符号　　　（b）外形　　　　　　　（c）实物

图 5-12　发光二极管

发光二极管的特点为直流供电,高节能,无频闪;抗震,坚固耐用,无污染,无紫外线辐射;使用寿命长,广泛应用于照明。汽车上就有很多 LED 灯。

（3）光电二极管

光电二极管也称光敏二极管,如图 5-13 所示。它是将光信号转变为电信号的 PN 结。大面积的光电二极管可作为电源,即光电池。

6.二极管的极性辨认

二极管的极性辨认方法见表 5-2。

(a)符号   (b)外形   (c)实物

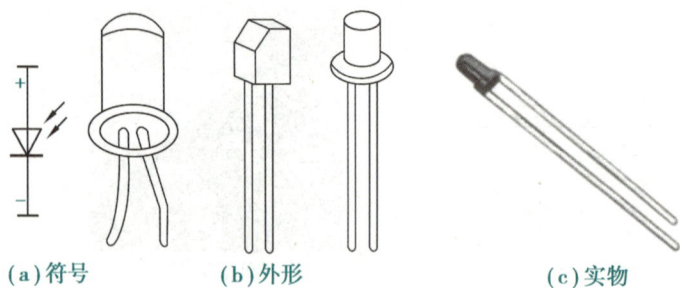

图 5-13　光电二极管

表 5-2　二极管极性辨认

辨认方法	图　示
从外壳的 形状上辨认	 图形符号 印在外壳
从色环标志电极辨认	 有色标的 一端为负极
从外形上辨认	 金属片大的 一端为负极　管脚短的 为负极

7.二极管极性的检测

二极管极性的检测见表 5-3。

表 5-3　二极管极性的检测

检测方法	选挡图示	检测步骤及注意事项
用万用表二极管挡判别极性		将数字万用表拨至二极管测试挡,用两支表笔分别接触二极管的两个电极,若万用表有读数,说明二极管处于正向导通状态,这时红表笔接的是正极,黑表笔接的是负极(因为红表笔连表内电池正极,黑表笔连表内电池负极);若万用表显示溢出符号"1",说明二极管处于反向截止状态,这时黑表笔接的是正极,红表笔接的是负极

续表

检测方法	选挡图示	检测步骤及注意事项
用万用表电阻挡判别极性	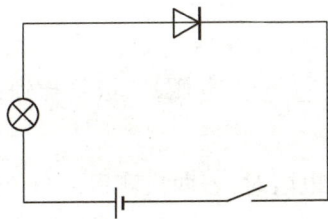	将万用表拨在 $R\times200$ 或 $R\times2$ k 电阻挡上,两支表笔分别接触二极管的两个电极并测其阻值,正、反向各测一次。两次测量结果中,阻值小的那一次,测出的是二极管的正向电阻,红表笔接的是二极管的正极,黑表笔接的是二极管的负极。测发光二极管,应使用万用表欧姆挡的高挡位($R\times20$ k)

【任务实施】

1.二极管极性的识别及检测

识别二极管正负引脚并用万用表辅助判断二极管质量的好坏,将结果填入表 5-4 中。

表 5-4　二极管极性的识别及检测

管子名称		整流二极管	发光二极管	稳压二极管
$R\times100$	正向电阻			
	反向电阻			
$R\times1$ k	正向电阻			
	反向电阻			

★思考

若没有万用表,如何判断二极管管脚的极性?

2.验证和判断二极管的导电性

①按如图 5-14、图 5-15 所示实验电路进行验证实验。

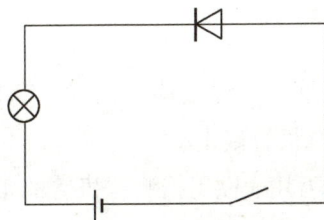

图 5-14　实验电路一　　　　图 5-15　实验电路二

实验电路一中灯_____（亮/不亮），实验电路二中灯_____（ 亮/不亮）。

结论：二极管具有正向_____（导通/截止），反向_____（导通/截止）。

②分析如图 5-16、图 5-17 所示中二极管的工作状态，并判断灯是否亮。

a.图 5-16 中 VD$_1$ _____，VD$_2$ _____，灯_____。

b.图 5-17 中 VD$_1$ _____，VD$_2$ _____，灯_____。

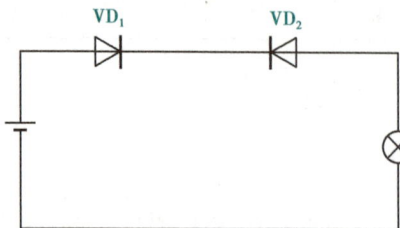

图 5-16　二极管工作状态①　　　　　　　　图 5-17　二极管工作状态②

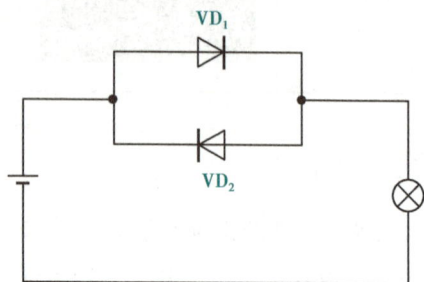

【任务评价】

请完成表 5-5 所示的评价项目。

表 5-5　学习任务评价表

评价内容	记录要点
在本次学习任务中,你主要学到了哪些知识与技能	数字万用表的使用□　仪表、器材的选择□　二极管的识别□　二极管性能好坏的判别□　二极管导电性能验证□　数据记录□　结果判断□
在本次学习中主要还存在什么问题	
在学习过程中,你做了哪些安全操作?请举例	

【任务测试】

填空题

1.二极管的重要特性具体是指:给二极管加_____电压,二极管导通;给二极管加_____电压,二极管截止。

2.用模拟式万用表欧姆挡测二极管的正、反向电阻时,若两次测得的阻值都较小,则表明二极管内部_____;若两次测得的阻值都较大,则表明二极管内部_____。两次测得的阻值相差越大,则说明二极管的_____性能越好。

/ 学习任务二 / 　认识与检测三极管

三极管,也称双极型晶体管、晶体三极管,是一种电流控制电流的半导体器件。其作用是把微弱信号放大成幅值较大的电信号,也用作无触点开关。晶体三极管是半导体基本元器件之一,具有电流放大作用,是电子电路的核心元件。

【知识准备】

三极管是一种利用输入电流控制输出电流的半导体电流控制型器件,对电流有放大作用,也可作为开关应用在电路中。

1.外形

如图 5-18 所示,三极管有 3 个极性。

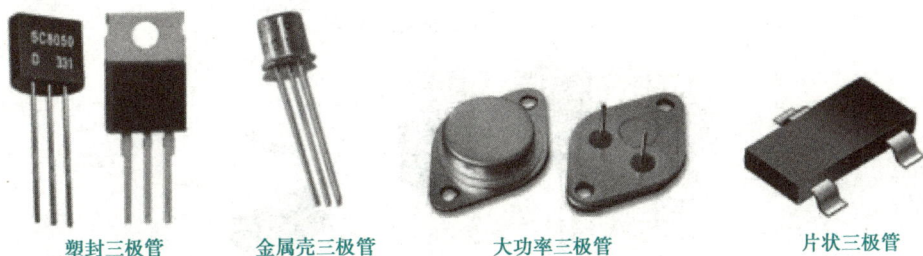

塑封三极管　　　金属壳三极管　　　大功率三极管　　　片状三极管

图 5-18　三极管形状

2.内部结构

三极管由两个 PN 结按一定工艺相互联结,形成 3 个区、2 个结、3 个极,即基区、集电区、发射区;集电结、发射结;基极 b、集电极 c、发射极 e。工艺上保证:基区较薄,掺杂浓度低;集电区面积较大;发射区掺杂浓度较高。按 PN 结的组合方式不同,三极管分为 NPN 型和 PNP 型,如图 5-19 所示。

3.电路符号

三极管电路符号如图 5-20 所示。符号中箭头表示发射结加正向电压时的电流方向。

4.常见的三极管种类

三极管的种类很多,常见的三极管如图 5-21 所示。

5.三极管极性的识别

三极管引脚的排列方式具有一定规律。

对于国产小功率金属封装的三极管按如图 5-22 所示位置放置,使 3 个引脚构成等腰三角形,等腰三角形的顶点为基极 b,从左向右依次为 c、b、e。

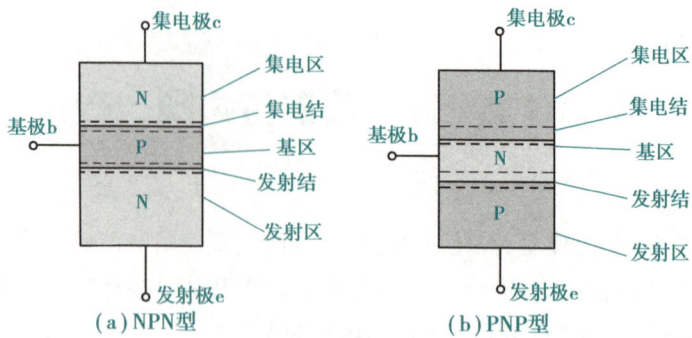

图 5-19　三极管结构示意图

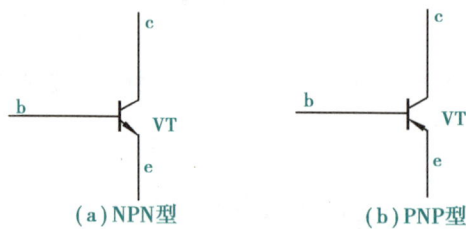

图 5-20　三极管的电路符号

图 5-21　常见的三极管

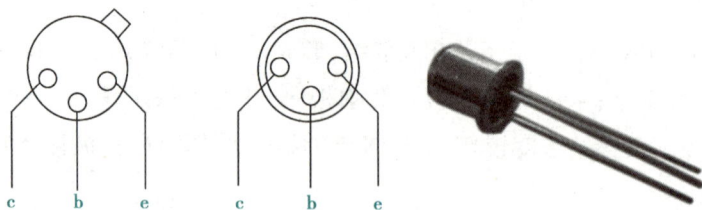

图 5-22　国产小功率金属封装三极管极性的识别

对于国产中小功率塑封装的三极管,使其半圆形向外,平面朝内,3 个引脚朝里放置,从左向右依次为 e、b、c,如图 5-23 所示。

对于片状三极管,从顶端往下看有两边,上边只有一脚的为集电极 c、另外一边两个分别为基极 b、发射极 e。如图 5-24 所示,1 为基极 b、2 为发射极 e、3 为集电极 c。

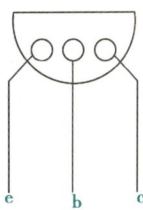

图 5-23　国产中小功率塑封装三极管极性的识别　　　图 5-24　片状三极管极性识别

6.三极管的检测

三极管的引脚还可以用万用表进行检测确定,见表5-6。

表 5-6　三极管的检测

内　容	操作步骤	操作及注意事项
三极管极脚的识别	①判别三极管基极和管型。 把万用表转换开关转至电阻挡,选用 $R×100$ 或 $R×1$ k 挡。用红、黑表笔测三极管任意两管脚间的阻值 	测得某个管脚与其余两管脚间的阻值都很小,则该管脚为三极管的基极,若此时是黑表笔接该管脚,则该管类型为 NPN 型;若为红表笔接该管脚,则该管类型为 PNP 型
	②判别三极管集电极和发射极。 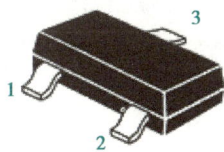 	首先假定一个管脚是集电极,另一个管脚是发射极。对 PNP 型三极管,红表笔接假定是集电极的管脚,黑表笔接假定是发射极的管脚(对于 NPN 型管,万用表的红、黑表笔对调),然后用大拇指和食指将基极和假定的集电极捏紧(注意两管脚不能短接),记录万用表的读数;然后把原先假定的管脚对调,重新记录万用表的读数。两次测量值较小的红表笔所接的管脚是集电极(对于 NPN 型管,则黑表笔所接的是集电极)

7.三极管的工作状态及应用

如图 5-25 所示为三极管的输出特性。从三极管的输出特性可以看出，三极管有 3 个工作区，即饱和区、截止区和放大区。放大区输出回路 I_c 的大小几乎只决定于输入回路 I_b 的大小，与其他因素关系不大。

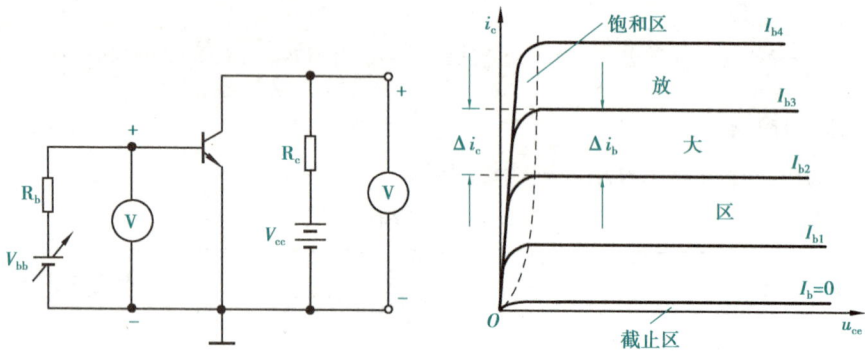

图 5-25　三极管的输出特性

3 个工作区决定了三极管具有 3 种工作状态。三极管的工作状态及应用见表 5-7。

表 5-7　三极管的工作状态及应用

序　号	工作状态	发射结	集电结	应　用
1	放大状态	正偏	反偏	信号的放大
2	截止状态	反偏	反偏	电子开关
3	饱和导通状态	正偏	正偏	

三极管处于放大状态时的电位关系如图 5-26 所示。

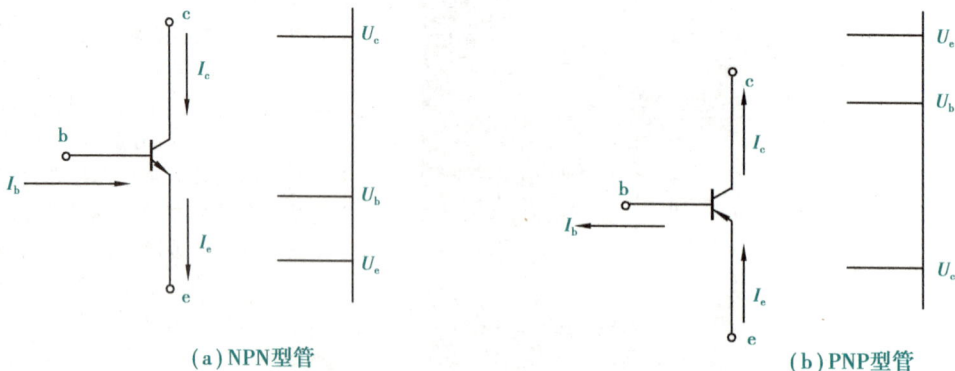

（a）NPN型管　　　　　　　　　　　　　（b）PNP型管

图 5-26　三极管处于放大电路时的电位关系

三极管处于饱和状态时的电位关系如图 5-27 所示。

三极管处于截止状态时，U_{be} 小于死区电压。

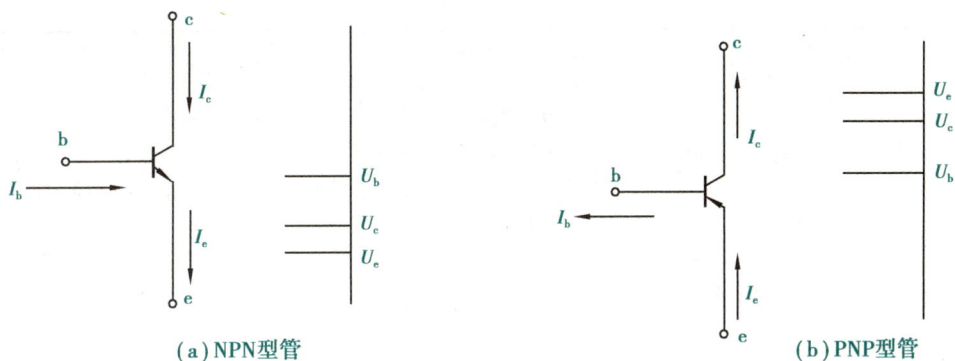

（a）NPN型管 （b）PNP型管

图 5-27 三极管处于饱和状态时的电位关系

【任务实施】

①完成三极管管脚的识别与检测，并将检测结果填入表 5-8 中。

表 5-8 三极管管脚的识别与检测

	管子类型	基极端	集电极端	发射极端
三极管①				
三极管②				
三极管③				
三极管④				

②写出如图 5-28 所示中三极管的工作状态。

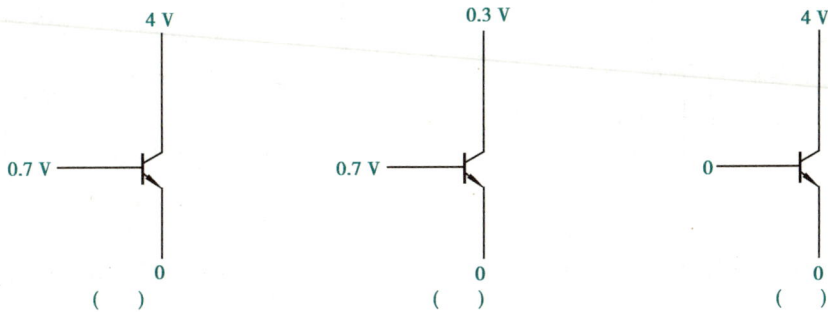

图 5-28 三极管工作状态

【任务评价】

请完成表 5-9 的评价项目。

表 5-9　学习任务评价表

评价内容	记录要点
在本次学习任务中,你主要学到了哪些知识与技能	数字万用表说明书的使用□　仪表、器材的选择□　三极管类型的识别□　三极管基极端的判别□　三极管集电极端子的判别□　三极管发射极端子的判别□　三极管开关电路的识读□　数据记录□　结果判断□
在本次学习中主要还存在什么问题	
在学习过程中,你做了哪些安全操作?请举例	

【任务测试】

一、选择题

1.用万用表测得 PNP 晶体管 3 个电极的电位分别为 $U_c = 6$ V,$U_b = 0.7$ V,$U_e = 1$ V,则晶体管工作在(　　)状态。

　　A.放大　　　　　　　　B.截止　　　　　　　　C.饱和　　　　　　　　D.损坏

2.测得三极管三电流方向、大小如图 5-29 所示,则可判断 3 个电极为(　　　)。

　　A.①基极 b、②发射极 e、③集电极 c　　　　B.①基极 b、②集电极 c、③发射极 e

　　C.①集电极 c、②基极 b、③发射极 e　　　　D.①发射极 e、②基极 b、③集电极 c

二、简答题

标出如图 5-30 所示中两个三极管的类型,并写出 3 个引脚的名称。

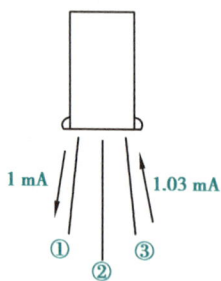

图 5-29　三极管三电流方向及大小

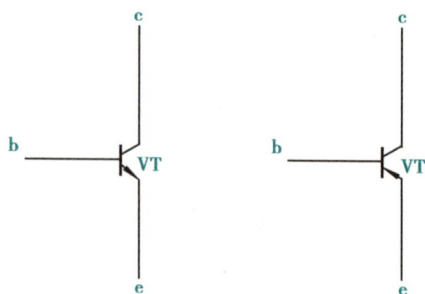

图 5-30　三极管

学习任务三　认识三极管电路

三极管具有饱和、截止和放大 3 种工作状态。其工作状态被广泛应用于电子电路中,最常见的电路为开关电路和放大电路。

【知识准备】

一、开关电路

1.三极管的开关状态

在三极管开关电路中,如图 5-31 所示,三极管相当于由基极信号所控制的无触点开关,时断、时通,三极管的工作状态也时而从饱和转为截止,时而又从截止转为饱和。开关的开或关最终取决于基极电位的高低。

当基极输入高电位(正脉冲)控制信号时,三极管将导通并进入饱和状态,集电极回路电流较大,集-射极间电压接近于零,此时三极管相当于一个接通的开关;当基极由高电位变为低电位时,管子截止,相当于一个断开的开关,切断了集电极回路。

2.三极管的开关特性

三极管的开关特性在汽车电路上的应用如图 5-32 所示。

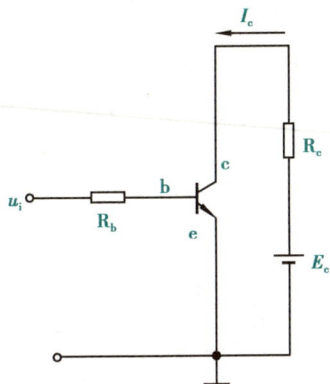

图 5-31　三极管开关电路的组成　　　　图 5-32　晶体管调节电路在汽车上的运用

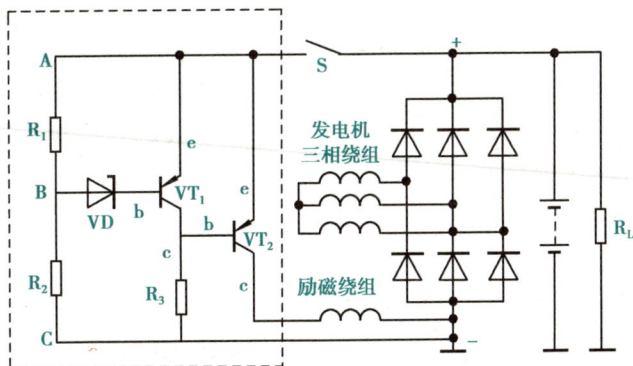

点火时蓄电池在 R_1 上的分压 U_{AB} 通过 VT$_1$ 发射极加到 VD 上,由于蓄电池电压低于交流发电机的调整电压(13.8~14.8 V),VD 截止,VT$_2$ 导通,蓄电池向发电机磁场绕组提供电流。发电机电压超过调整值时,VD 反向击穿而导通,VT$_1$ 导通,VT$_2$ 发射极被短路而截止,励磁电路断开,发电机电压下降。如此反复,以维持交流发电机电压稳定。

二、放大电路

放大电路主要用于放大微弱的电信号,使输出电压或电流在幅度上得到放大,如图 5-33 所示。

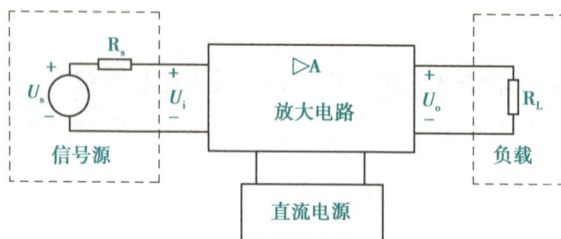

图 5-33　放大电路基本组成

电流放大的原理:三极管基极电流发生较小的变化,集电极电流发生较大变化。

1.满足三极管放大的条件

内部条件:发射区掺杂浓度高、基区薄且掺杂浓度低、集电结面积大。

外部条件:发射结正偏、集电结反偏。

2.满足放大条件的电路特点

根据放大条件要求,满足放大条件的 3 种接法如图 5-34 所示,即共射极 ce、共基极 cb 和共集电极 cc。

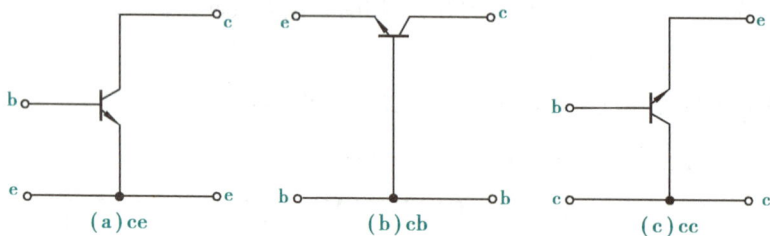

(a)ce　　　　　(b)cb　　　　　(c)cc

图 5-34　满足放大条件的 3 种电路连接方式

3.共发射极基本放大电路分析

共发射极基本放大电路如图 5-35 所示。

(1)电路中各元件的作用

三极管 VT:实现电流放大。

集电极直流电源 U_{cc}:确保三极管工作在放大状态。

集电极负载电阻 R_c:将三极管集电极电流的变化转变为电压变化,以实现电压放大。

基极偏置电阻 R_b:为放大电路提供静态工作点。

耦合电容 C_1 和 C_2:隔直流通交流。

(2)共发射极基本放大电路工作原理

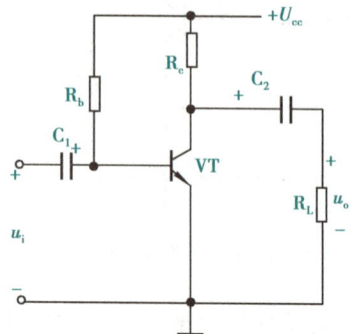

图 5-35　共发射极基本放大电路组成

①u_i 直接加在三极管 VT 的基极和发射极之间,引起基极电流 i_b 作相应的变化。

②通过 VT 的电流放大作用,VT 的集电极电流 i_c 将发生变化。

③i_c 的变化引起 VT 的集电极和发射极之间的电压 u_{ce} 变化。

④u_{ce} 中的交流分量 u_{CE} 经过 C_2 畅通地传送给负载 R_L,成为输出交流电压 u_o。

⑤$u_o = \Delta IR_c$,只要 R_c 取值较大,$u_o \gg u_i$ 实现了电压放大作用。

三、晶体管放大电路在汽车电子电路中的应用

晶体管最主要的性能是放大。在汽车电子电路中,晶体管主要用来对微弱信号进行放大,如汽车闪光继电器电路,如图 5-36 所示。

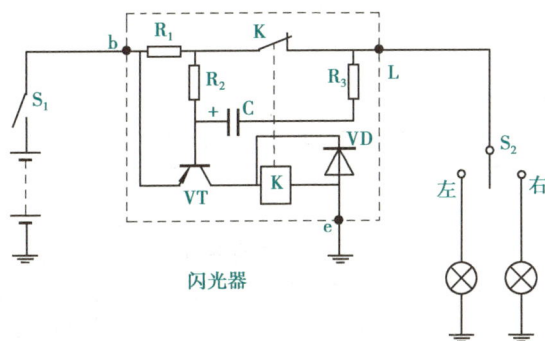

图 5-36　汽车闪光继电器电路图

【任务实施】

①测试三极管电流放大的作用。

测量如图 5-37 所示电路中的电流($U_{cc} > U_{bb}$)。

改变 R_p,观察当 I_b 变化时 I_c 和 I_e 的变化情况,将测试结果填入表 5-10 中。

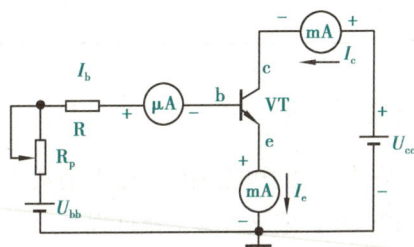

图 5-37　三极管放大电路

表 5-10　三极管电流放大作用电路测试表

电　流	第一次	第二次	第三次	第四次	第五次
I_b					
I_c					
I_e					

从以上实验结果可以得出:三极管具有放大作用。

②对汽车闪光继电器电路的放大性能进行电路分析,并将分析过程填入表 5-11。

表 5-11　汽车闪光继电器电路的放大性能分析

（空白表格）

【任务评价】

请完成表 5-12 的评价项目。

表 5-12　学习任务评价表

评价内容	记录要点
在本次学习任务中,你主要学到了哪些知识与技能	数字万用表说明书的使用□　仪表、器材的选择□　三极管放大电路类型的识别□　三极管电流放大电路的连接□　三极管电流放大电路的测试□　三极管电流放大电路的分析□　汽车电气线路接地探测器电路的分析□　数据记录□　结果判断□
在本次学习中主要还存在什么问题	
在学习过程中,你做了哪些安全操作?请举例	

【任务拓展】

在汽车电子电路中,三极管的放大作用应用广泛,如图 5-38 所示为汽车电气线路接地探测电路图,试分析其工作过程。

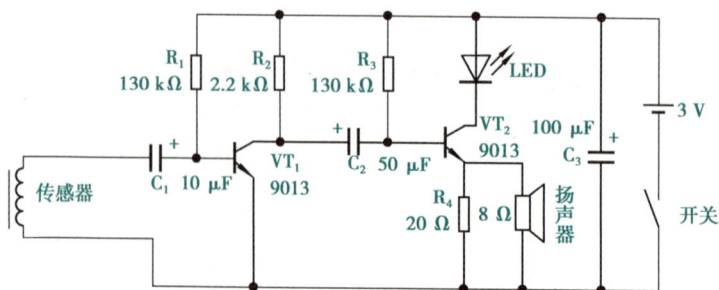

图 5-38　汽车电气线路接地探测电路图

【任务测试】

简答题

分析在如图 5-39 所示电路中,哪些电路能正常放大,哪些电路不能正常放大? 为什么?

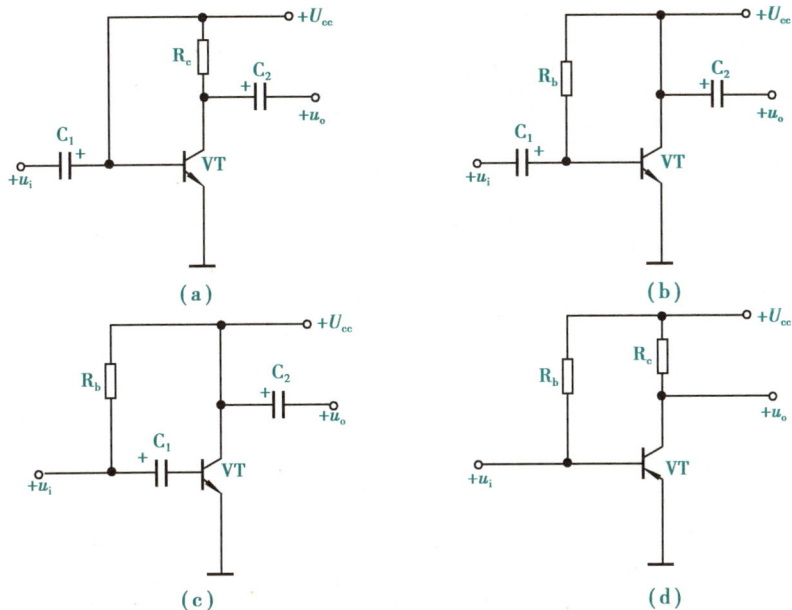

图 5-39　三极管电路

项目六 | 认知发电机

电与人们的生活息息相关,为社会发展提供强劲动力。其中,交流电在生活和工业中使用广泛,学习、掌握交流电的使用可以让人们在将来的工作岗位和生活中受益无穷。本项目学习发电机,探索三相交流电的产生及特性,最终掌握三相交流电的使用。

项目学习任务:

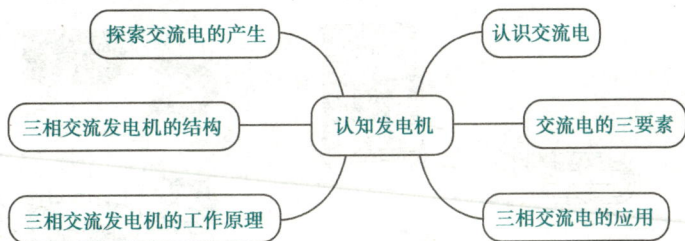

```
探索交流电的产生                    认识交流电

三相交流发电机的结构    认知发电机    交流电的三要素

三相交流发电机的工作原理            三相交流电的应用
```

学习目标:

①了解三相交流发电机的特点,并会对三相交流发电机进行分类;

②掌握三相交流发电机的结构和工作原理;

③掌握三相交流电的产生及特点,并能完成三相电源与负载的连接。

学习任务一 认识交流电

交流电（Alternating Current，AC）广泛运用于电力的传输，其中，正弦交流电在生产、生活中的应用非常广泛。家用电器、照明灯具、电动机等都离不开交流电。本项目结合交流电的特点，阐述正弦交流电的三要素，掌握正弦交流电的数学表示法，三相负载的连接方法及其特点，通过万用表测量交流电的线电压和相电压。

【知识准备】

一、发电机的原理

1831 年，英国物理学家法拉第发现了电磁感应现象，发现了利用磁场产生电流的条件和规律，得到产生交流电的方法。法拉第发明的圆盘发电机，是人类创造出的第一台发电机。

如图 6-1 所示，导体在磁场里做切割磁力线运动时，导体中就会产生一个电动势，这种现象称为电磁感应。

感应电流的方向取决于导体运动方向和磁场方向。可通过右手定则判断感应电流的方向（见图 6-2）：伸开右手，使拇指与其余 4 个手指垂直，并且都与手掌在同一平面内，让磁感线从手心进入，并使拇指指向导线运动方向，这时四指所指的方向就是感应电流的方向。

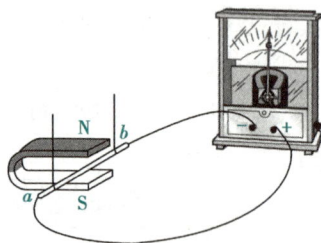

图 6-1　电磁感应现象

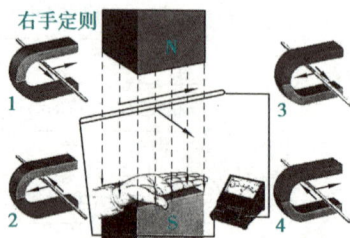

图 6-2　右手定则

导体中产生感应电动势的大小和以下 3 个要素有关：
①导体在磁场中的运动速度。
②导体的有效长度。
③磁场的强度（磁力线的密度）。

二、交流电的产生

如图 6-3 所示，线圈在磁场中旋转，会产生一个电动势，由于线圈旋转是切割数量不等的磁力线，其产生电压的大小和方向在不停变化，这种不同变化的电压称为交流电，相应的电流称为交流电流。

交流发电机产生电动势的模型如图 6-4 所示,它由静止部分和转动部分组成。静止部分为磁体,用于产生均匀磁场;转动部分称为转子,由线圈和滑环组成。转子上的线圈在均匀磁场中转动,线圈切割磁感线产生感应电动势,通过滑环与负载连接形成电流。电流大小和电流方向随时间作周期变化。

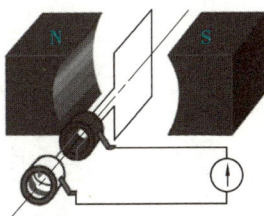

图 6-3　线圈切割磁感线

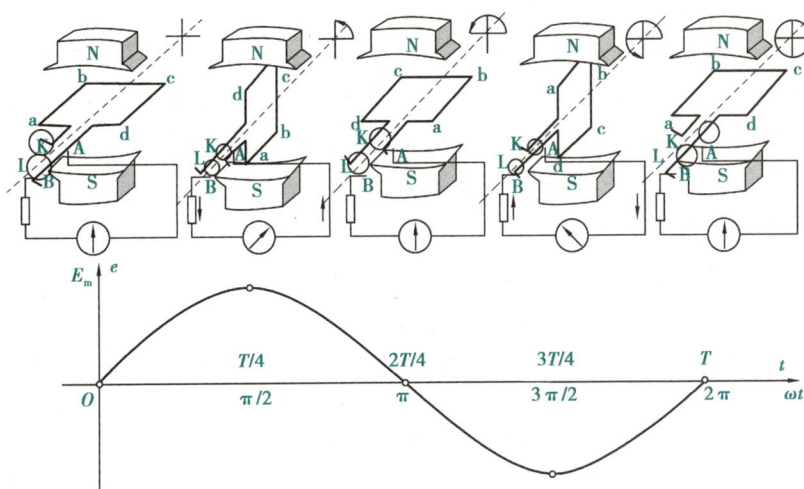

图 6-4　交流感应电动势的产生过程

三、正弦交流电的基本物理量

正弦交流电随时间按正弦规律变化,将最大值、频率(角频率)和初始相位称为交流电的三要素。

如图 6-5 所示,最大值描述交流电的变化范围;角频率描述交流电的变化快慢;初始相位描述交流电的初始状态。

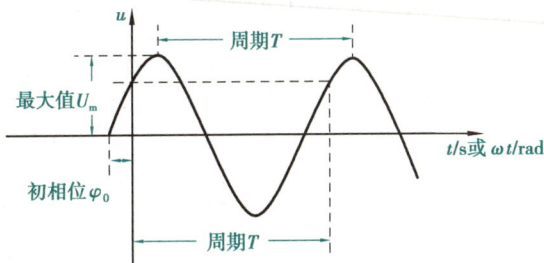

图 6-5　正弦交流电波形

1.瞬时值与最大值

交流电在某一时刻的大小称为这一时刻交流电的瞬时值。瞬时值是交流电某一时刻所对应的值,随时间不同而变化,是个变量,用小写字母 u、i、e 表示。正弦交流电的瞬时值方程式为

$$u = U_{\mathrm{m}}\sin(\omega t + \varphi)$$

$$i = I_{\mathrm{m}}\sin(\omega t + \varphi)$$

$$e = E_{\mathrm{m}}\sin(\omega t + \varphi)$$

式中，U_{m}、I_{m}、E_{m} 为最大值；φ 为初相位，ω 为角频率（$\omega = 2\pi f$），f 为频率。

交流电在一次变化中出现的最大瞬时值称为最大值，最大值是交流电的幅值，如图 6-5 所示。用大写字母加下标 m 表示，如 I_{m}、U_{m}、E_{m}。

2.周期、频率

交流电的大小和方向是随时间作周期变化的。交流电变化一次所需要的时间，称为交流电的周期，如图 6-5 所示，用符号 T 表示，单位是秒（s）。周期用来描述交流电变化的快慢，周期越小，交流电的变化越快。例如，我国生活照明用电的周期是 0.02 s。

交流电每秒钟变化的次数称为交流电的频率，用符号 f 表示。频率的单位是赫［兹］（Hz），当频率较高时，常用的单位有千赫（kHz）、兆赫（MHz）、吉赫（GHz）。频率越高，交流电的变化越快。我国生活工业用电的频率是 50 Hz，美国、日本等国家是 60 Hz。

交流电的周期和频率跟发电机转速有关。

当周期用 s 作单位，频率用 Hz 作单位时，频率和周期有互为倒数的关系，即

$$f = \frac{1}{T} \text{ 或 } T = \frac{1}{f}$$

3.相位与初相位

交流电在某一时刻对应的电角度称为相位角，简称相位。相位的表示方法与角度的表示方法相同。瞬时值方程式中的 $(\omega t + \varphi)$ 指的就是该时刻的相位角。

$t = 0$ 时的相位，称为初相位，简称初相，用字母 φ 表示。初相反映的是正弦交流电起始时刻的状态，如图 6-5 所示。

初相表示交流电的初始状态，它的单位是度（°）或弧度（rad）。

4.角频率

交流电不仅大小和方向在变化，它的相位也在随时间的变化而变化。交流电每秒变化的相位称为角频率，用 ω 表示，单位 rad/s。

交流电变化一次所用的时间为 T，在时间 T 内相位变化的角度为 360° 或 2π。因此，角频率与周期、频率的关系为

$$\omega = \frac{2\pi f}{T} = 2\pi f$$

5.交流电的有效值

如图 6-6 所示，将开关 S 置于位置"1"时，电阻 R 中通过交流电流；如果在一个周期 T 内，交流电流 i 在电阻 R 上产生热量 Q_i。再将开关 S 置于位置"2"时，电阻 R 中通过直流电流，在与交流电通电时间相同的 T 内，直流电流 I 在电阻 R 上产生热量 Q_1。若 $Q_i = Q_1$，则将该

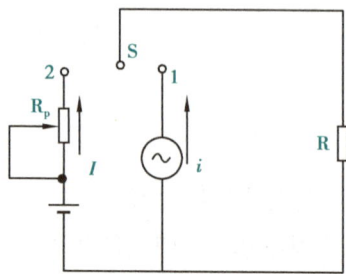

图 6-6　交流电和直流电等效电路图

直流电流 I 称为交流电流 i 的有效值。同样,可以得到交流电压和交流电动势的有效值。交流电流、交流电压和交流电动势的有效值分别用符号 I、U 和 E 表示。

在同一个电阻上,通电时间相同,若交流电产生的热量与直流电产生的热量相同,就把直流电的大小称为交流电的有效值。有效值是根据交流电的热效应与直流电的热效应等效的原理确定的。

根据数学计算,最大值是有效值的 $\sqrt{2}$ 倍。由此可以确定:

$$I = \frac{I_m}{\sqrt{2}} = 0.707 I_m, U = \frac{U_m}{\sqrt{2}} = 0.707 U_m$$

电流表和电压表的测量值,是交流电的有效值;各种交流电器设备如电动机、冰箱和空调等标注的额定电压和额定电流,是指交流电的有效值。电器元件如电容器、晶体管等的击穿电压和电气设备的耐压,是指交流电的最大值。

例:已知 $u = 311 \sin(100\pi t + 30°)$,试求出电压的最大值、有效值、角频率、频率、周期和初相位。

解:最大值:$U_m = 311$ V

有效值:$U = \frac{U_m}{\sqrt{2}} = \frac{311}{\sqrt{2}}\text{V} \approx 220$ V

角频率:$\omega = 100\pi$ rad/s

初相位:$\varphi = 30°$

频率:$f = \frac{\omega}{2\pi} = \frac{100\pi}{2\pi} = 50$ Hz

周期:$T = \frac{1}{f} = \frac{1}{50}\text{s} = 0.02$ s

四、整流电路

整流是指将交流电转变为直流电。交流电整流常用二极管作为整流元件。整流方式有半波整流和全波整流。

1.半波整流

只利用所施加电压的正半波,电路中流动的是一种脉动直流电,如图6-7所示。

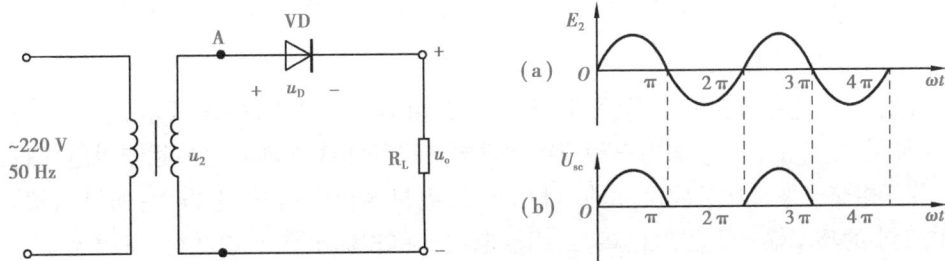

图 6-7　半波整流

2.全波整流

将两个二极管交替向流通方向和阻隔方向接通,在所施加电压的正负半波上都有电流流过用电器,如图 6-8 所示。

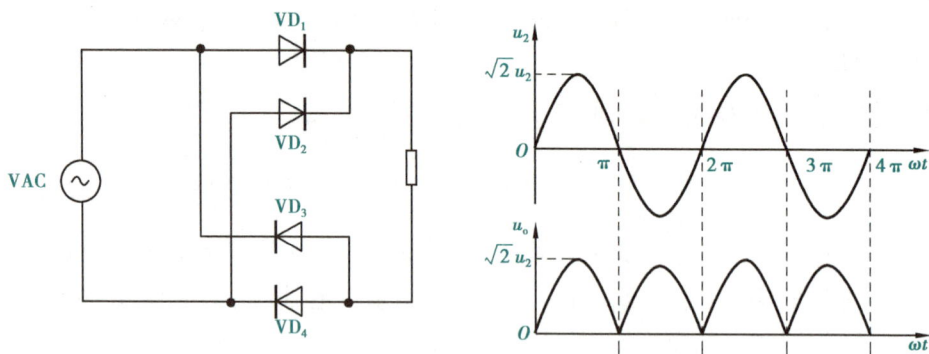

图 6-8　全波整流

五、三相交流电

1.三相交流电的产生

三相交流电的产生与单向交流电的产生原理一样,只不过是在单向绕组的基础上增加了两组一样的绕组,这三组绕组按相位错开 120°绕制,如图 6-9 所示。当磁场旋转时,三相绕组相当切割磁力线,产生幅值相等、频率相同且相位相差 120°的正弦交流电,如图 6-10 所示。

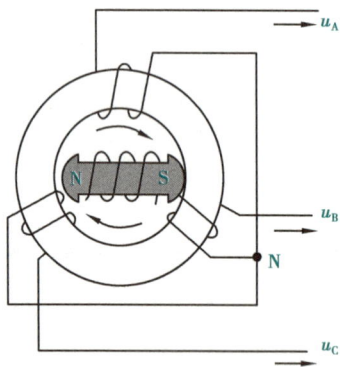

图 6-9　三相交流发电机模型

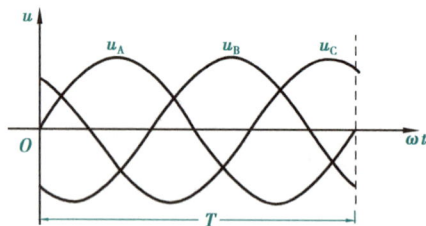

图 6-10　三相交流电波形

2.三相绕组的连接

三相绕组的连接方式有星形(Y 形)连接和三角形连接,如图 6-11 所示。

目前,电力工程上普遍采用三相四线制供电。三相四线制供电比单相制供电优越,在发电方面:三相交流发机比相同尺寸的单相交流发电机容量大;在输电方面:如果以相同电压将相同大小的功率输送到相同距离,三相输电线比单相输电线节省材料;在用电设备方面:三相交流电动机比单相电动机结构简单、体积小、运行特性好等。三相制供电是目前世界各国的主要供电方式。

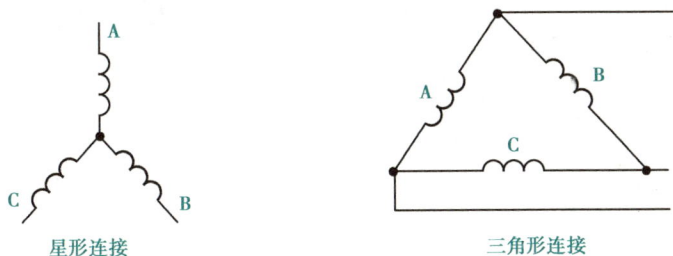

图 6-11 三相绕组的连接方式

3.三相负载的连接

常见的三相负载有电梯、机床、起重机等。三相负载的连接方式有星形连接和三角形连接两种。三相负载采用何种连接方式由负载的额定电压决定,如图 6-12 所示。

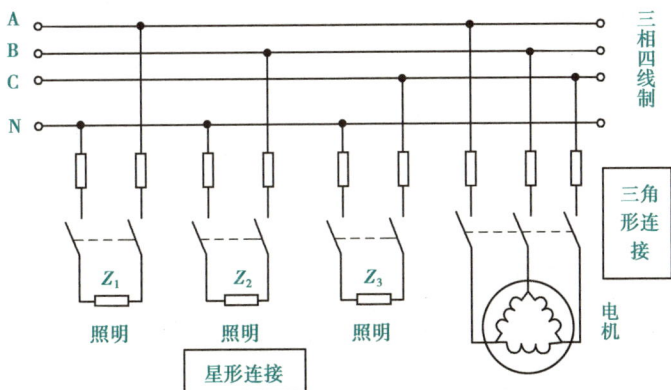

图 6-12 三相负载的连接

当负载额定电压等于电源线电压时采用三角形连接(如电动机、机床);当负载额定电压等于电源相电压时采用星形连接(如照明灯、家用电器)。

★小提示

三相四线制是指从三相绕组的中性点引出"N"作为零线。

【任务实施】

①改变周期和相位,观察交流电的输出波形,并记录。

②用 4 只二极管设计一个整流电路,并将其电路图画出来,分析其工作过程。

【任务评价】

请完成表 6-1 的评价项目。

表 6-1　学习任务评价表

评价内容	记录要点
在本次学习任务中,你主要学到了哪些知识与技能	发电机的发电原理□　发电机的种类及特点□　汽车发电机各零部件□　发电机主要部件的检测□　数据记录□　结果判断□
在本次学习中主要还存在什么问题	
请分析交流发电机的发电过程	
在学习过程中,你做了哪些安全操作?请举例	

【任务拓展】

示波器是一种用途十分广泛的电子测量仪器。它能把肉眼看不见的电信号变换成看得见的图像,便于人们研究各种电现象的变化过程。使用如图 6-13 所示的 MOS-620 型双踪模拟示波器测试自制交流信号发生器的信号波形。

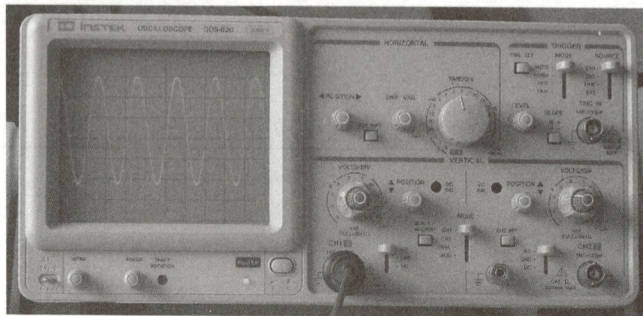

图 6-13　MOS-620 型示波器

【任务测试】

一、选择题

1.正弦交流电的三要素是指（　　　）。

　　A.振幅、周期、频率　　　　　　　　　B.周期、频率、角度

　　C.最大值、频率、初始相位　　　　　　D.振幅、频率、相位差

2.一个电热器接在 10 V 的直流电源上和接在交流电源上产生的热量相同,则交流电源电压的最大值为（　　　）V。

　　A.5　　　　　　　　B.$10\sqrt{2}$　　　　　　C. 10　　　　　　　D.$5\sqrt{2}$

3.已知一交流电流,当 $t = 0$ 时,$i_1 = 1$ A,初相位为 30°,则这个交流电的有效值为（　　　）A。

　　A.0.5　　　　　　B.1.414　　　　　　C.1　　　　　　　　D.2

4.某一负载上写着额定电压 220 V,这是指（　　　）。

　　A.最大值　　　　B.瞬时值　　　　C.有效值　　　　D.平均值

二、判断题

1.耐压为 220 V 的电容器可以接到 220 V 的市电上使用。　　　　　　　（　　　）

2.用交流电表测的交流电的数值是平均值。　　　　　　　　　　　　　　（　　　）

学习任务二　认知交流发电机

发电机是将其他形式的能源转换成电能的机械装置。它由水轮机、汽轮机、柴油机或其他动力机械驱动,将水流、气流、燃料燃烧或原子核裂变产生的能量转化为机械能传给发电机,再由发电机转换为电能。发电机在工农业生产、国防、科技及日常生活中有广泛的用途。汽车的使用也离不开发电机,发电机是汽车的重要电源之一。

【知识准备】

一、发电机的种类及特点

发电机按输出电流的性质分为直流发电机和交流发电机两大类,交流发电机又可分为同步发电机和异步发电机两种。发电机的分类及特点见表6-2。

表 6-2　发电机的分类及特点

发电机	交流发电机	同步发电机	由直流电流励磁,既能提供有功功率,也能提供无功功率,可满足各种负载的需要。现代发电站中最常用的是同步发电机
		异步发电机	异步发电机由于没有独立的励磁绕组,其结构简单,操作方便,但是不能向负载提供无功功率。异步发电机运行时必须与其他同步电机并联,或者并接相当数量的电容器。较多地应用于小型自动化水电站
	直流发电机		具有使用方便、运行可靠等特点,可以直接为各种需要直流电源的用电设备提供电能。但是直流发电机内部有换向器,易产生电火花,发电效率较低。大功率可控整流器问世以来,有利用交流电源经半导体整流获得直流电以取代直流发电机的趋势

二、发电机的结构

从发电原理可知,发电机应包含产生磁场的部件和产生切割磁力线运动的部件。以图 6-14 所示的汽车发电机为例,介绍发电机的组成。

汽车发电机是典型的三相交流发电机,它把发动机的机械能转变为电能。由于汽车用电设备用的是直流电,因此,汽车用的交流发电机还必须有一个整流器,通过整流器把交流电转变为直流电。

图 6-14　汽车发电机

汽车发电机内部结构如图 6-15 所示,其主要由定子、转子、电刷组件、整流器、外壳(前、后端盖)、皮带轮和风扇等组成。

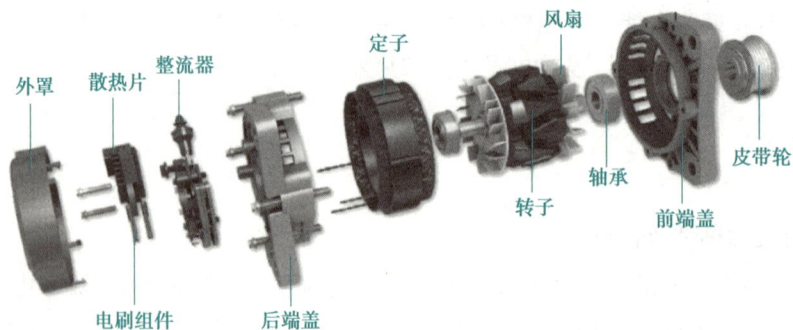

图 6-15　汽车发电机内部结构图

1.转子总成

转子由爪极(每个爪极有 6 个或 8 个鸟嘴形磁极)、磁轭、磁场绕组、滑环、转子轴等组成。转子的功用是产生旋转磁场。

如图 6-16 所示,转子轴上压装着两块爪极,爪极被加工成鸟嘴形状,爪极空腔内装有励磁绕组和磁轭。滑环由两个彼此绝缘的铜环组成,压装在转子轴上并与轴绝缘,两个滑环分别与励磁绕组的两端相连。当给两滑环通入直流电时,励磁绕组中就有电流通过,并产生轴向磁通,使爪极一块被磁化为 N 极,另一块被磁化为 S 极,从而形成 6 对(或 8 对)相互交错的磁极。当转子转动时,就形成了旋转的磁场。

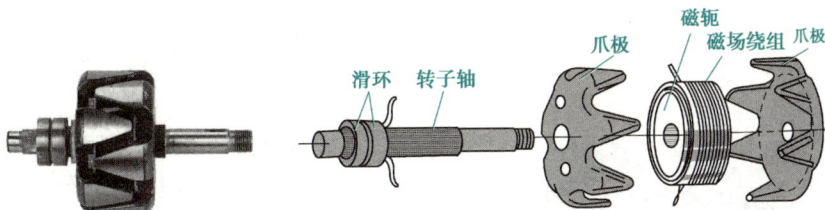

图 6-16 转子的实物图和分解图

2.定子

定子也称为电枢,是由定子铁芯和三相绕组组成,如图 6-17 所示。它的功用是产生交流电。

定子铁芯由内圈带槽、互相绝缘的硅钢片叠成。定子安装在转子的外面,和发电机的前、后端盖固定在一起,当转子在其内部转动时,引起定子绕组中磁通的变化,定子绕组中就产生交变的感应电动势。

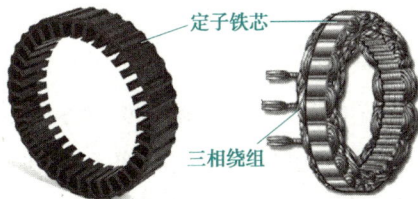

图 6-17 定子

定子绕组有 3 组线圈,彼此相位间隔 120°,对称地嵌放在定子铁芯的槽中。该 3 组线圈也称三相绕组。三相绕组的连接有星形连接和三角形连接两种,每组线圈都能产生交流电。汽车发电机一般用星形连接。

3.电刷组件

电刷组件由电刷、电刷架和电刷弹簧组成,如图 6-18 所示。电刷的作用是给发电机转子绕组提供磁场电流,两个电刷分别装在电刷架的孔内,借助弹簧压力与滑环保持接触。电刷用于换向器或滑环上,作为导入导出电流的滑动接触体。它的导电、导热及润滑性能良好,并具有一定的机械强度。电刷用铜粉和石墨粉制成,它安装在电刷架内孔内。电刷架由酚醛玻璃、纤维塑料等绝缘材料制成。

4.整流器

整流器的作用是将定子绕组产生的交流电变成直流电输出,可阻止外部的电流向发电机倒流。它一般由 6 只硅二极管接成三相桥式全波整流电路,如图 6-19 所示。

整流器由整流板和整流二极管组成,六管交流发电机的整流器是由 6 只硅整流二极管分别压装(或焊装)在相互绝缘的两块板上组成的,其中,一块为正极板(带有输出端螺栓),另一块为负极板,负极板和发电机外壳直接相连(搭铁),也可以将发电机的后盖直接作为负极板。

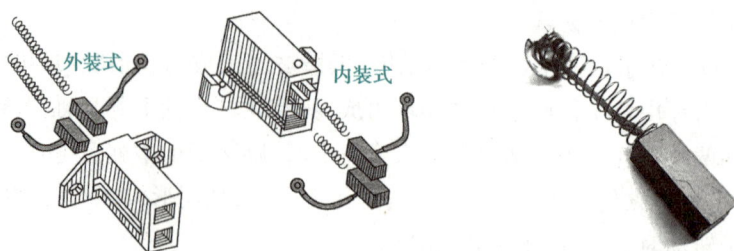

图 6-18　电刷组件

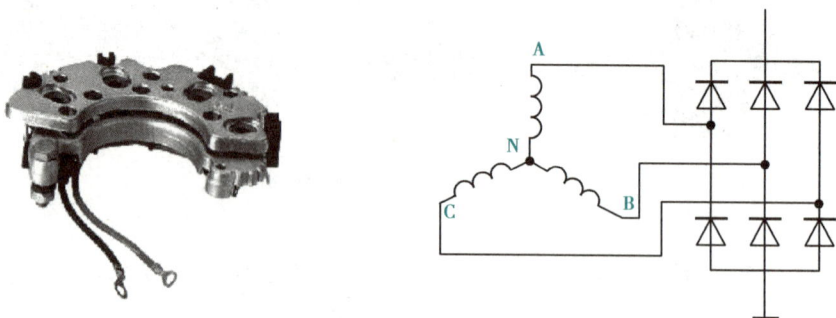

图 6-19　交流发电机整流器和定子的连接电路图

6 只整流二极管分为正极管和负极管两种。引出电极为正极的称为正极管,3 只正极管装在同一块板上,称为正极板;引出电极为负极的称为负极管,3 只负极管可安装在负极板上,也可直接安装在后端盖上。

5.前、后端盖

前、后端盖由非导磁材料铝合金制成。铝合金具有漏磁少、质量轻、散热性能好的优点。后端盖内装有电刷和电刷架。

6.风扇和皮带轮

交流发电机的前端装有皮带轮,由汽车发动机通过皮带驱动皮带轮使发电机转子旋转。在皮带轮的后面装有叶片式风扇,前、后端盖上分别有出风口和进风口。当发动机带动发电机高速旋转时,可使空气流经发电机内部,对发电机进行冷却。

三、汽车发电机的工作原理

1.发电原理

(1)产生磁场

通过电刷给转子上的绕组通电,就会产生磁场,如图 6-20 所示,转子在发动机的带动下旋转,转子产生的磁场也会跟着旋转,产生旋转磁场。

(2)切割磁力线

转子外固定在定子上的三相绕组,在旋转磁场的作用下,相当于做切割磁力线运动,从而在 A、B、C 三相绕组中产生三相交流电动势。转速越快,产生的电动势越大。

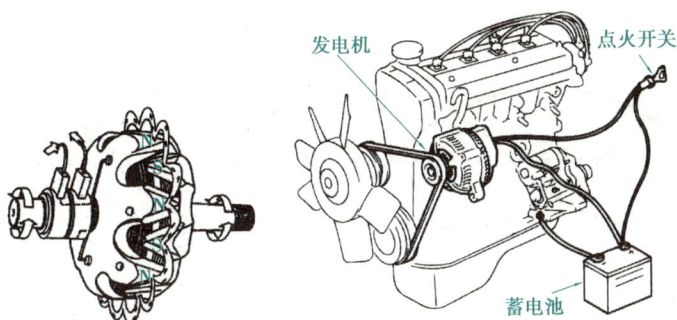

图 6-20　转子产生磁场

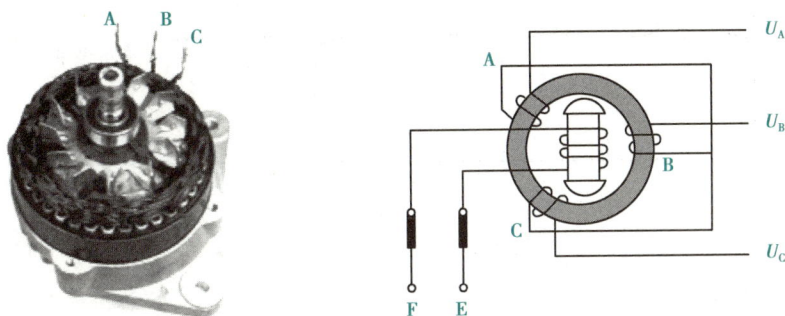

图 6-21　转子切割磁力线

2.整流原理

在交流发电机中,整流器利用二极管的单向导电性进行整流,如图 6-22 所示,6 只二极管组成了三相桥式全波整流电路。6 只二极管中,VD_1、VD_3、VD_5 为正极管,VD_2、VD_4、VD_6 为负极管。整流器工作时,每一时刻只有 1 只正极管和 1 只负极管导通工作。

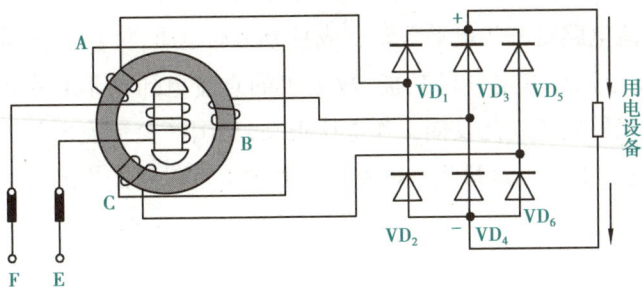

图 6-22　三相桥式全波整流电路

发电机工作的某一瞬时,3 只正极管中电位最高的正极管优先导通,3 个负极管中电位最低的负极管优先导通,同时导通的两只二极管将发电机的输出电压加在用电设备两端。如图 6-23 所示为三相桥式整流电路整流前后的波形对比。

根据上述原则,其整流过程如下:

在 $0\sim t_1$ 时,U_B 为电压最低,U_C 为电压最高,二极管 VD_4、VD_5 处于正向电压作用下而导通。电流方向为:C 相→VD_5→用电设备→VD_4→B 相构成回路。由于二极管内阻很小,因此

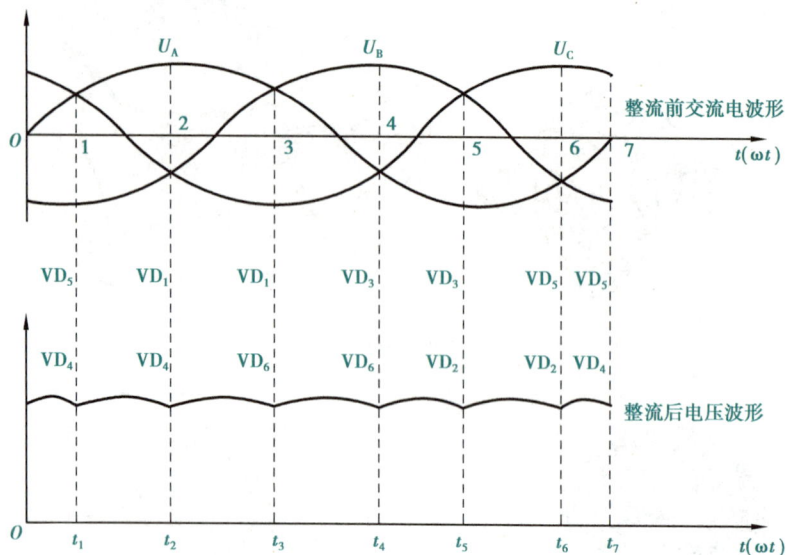

图 6-23　整流前后波形对比

B、C 线电压加在负载上。

在 $t_1 \sim t_2$ 时间内，A 相电压最高，而 B 相电压最低，VD_1、VD_4 处于正向电压导通。电流方向为：A 相→VD_1→用电设备→VD_4→B 相构成回路。A、B 线电压加在负载上。

在 $t_2 \sim t_3$ 时间内，A 相电压仍最高，而 C 相电压最低，VD_1、VD_6 导通，电流方向为：A 相→VD_1→用电设备→VD_6→C 相构成回路。A、C 线电压加在负载上。

在 $t_3 \sim t_4$ 时间内，B 相电压最高，而 C 相电压最低，VD_3、VD_6 导通，电流方向为：B 相→VD_3→用电设备→VD_6→C 相构成回路。B、C 线电压加在负载上。

以此类推，整流电路将三相电动势转变成直流脉动电压，负载上得到一个比较平稳的直流脉动电压。因蓄电池具有电容的功能，故输出的直流电压波形较平坦，其电压波形如图 6-23 所示。6 只二极管能承受的反向工作电压很高，如国产交流发电机配用的 ZQ 型二极管能承受反向工作电压 200 V，这样汽车电路中由其他电气设备产生的自感电动势就不会击穿二极管。

【任务实施】

①从汽车发电机的解体部件中找到如图 6-24 所示的部件并标注其名称。

②检查励磁绕组，完成表 6-3 的填写。

( )   ( )   ( )   ( )

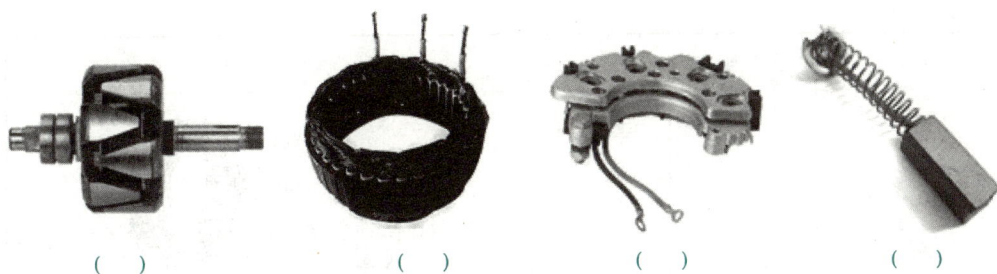

图 6-24 发电机部件

表 6-3 励磁绕组的检查

项 目	标准值/Ω	测量值/Ω	检查方法
检查励磁绕组是否存在开路	8~10		
检查励磁绕组是否存在接地短路	∞		

③检查三相定子绕组,完成表 6-4 的填写。

表 6-4 定子绕组的检查

项 目	正常值/Ω	测量值/Ω	检查方法
定子绕组导通性检查	3 个相等		 两两接线头间测量

续表

项　目	正常值/Ω	测量值/Ω	检查方法
定子绕组 绝缘性检查	∞		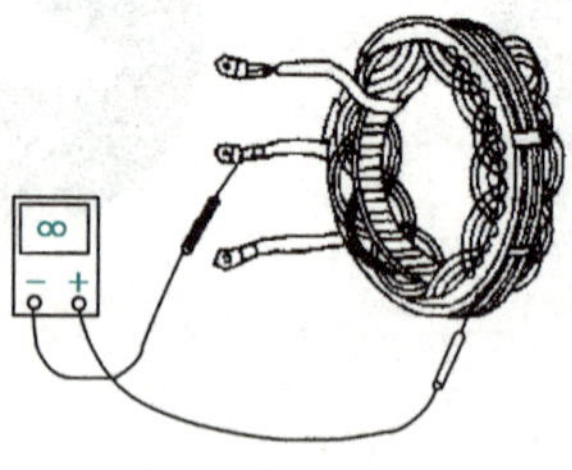 各接线头分别测量

④检查整流器，完成表6-5的填写。

表6-5　整流器的检查

检查 项目	检测正二极管 的正向电阻	检测正二极管 的反向电阻	检测负二极管 的正向电阻	检测负二极管 的反向电阻
检查 方法	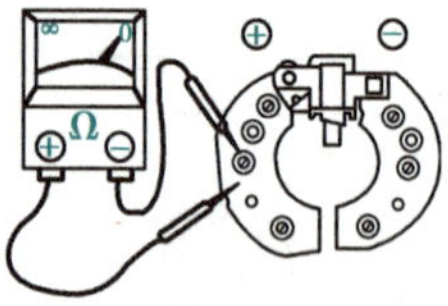	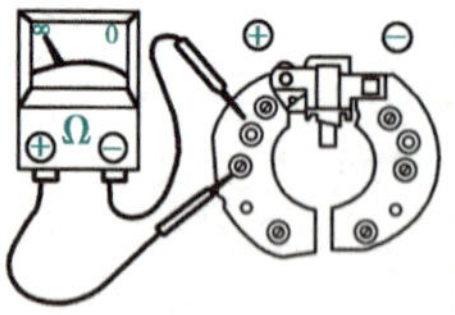	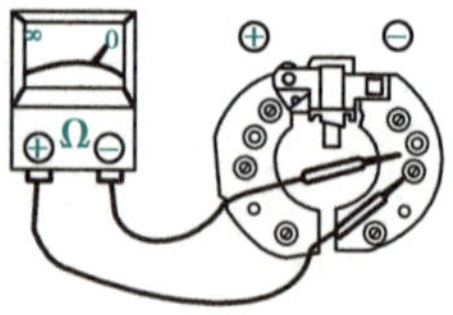	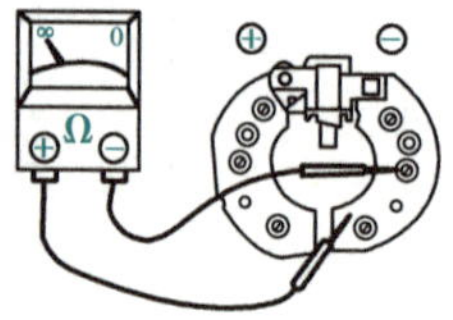
检查 结果				

★小提示

　　6只二极管均要检查。

⑤根据所学的知识，试将如图6-24所示中的部件进行装配，并画出部件连接的电路图。

【任务评价】

请完成表 6-6 的评价项目。

表 6-6　学习任务评价表

评价内容	记录要点
在本次学习任务中,你主要学到了哪些知识与技能	发电机的种类□　交流发电机的组成□　指针式万用表的使用□　使用万用表检测元件□　数据记录□　结果分析□
在本次学习中主要还存在什么问题	
分析交流电的三要素	
在学习过程中,你做了哪些安全操作?请举例	

【任务拓展】

根据如图 6-25 所示的电路图,分析电压调节器的工作过程。

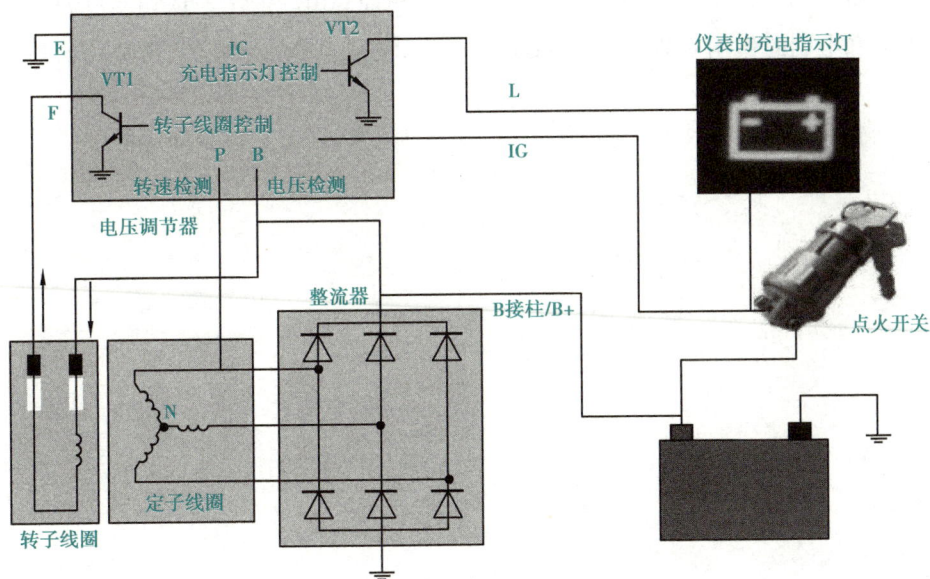

图 6-25　发电机电路图

【任务测试】

选择题

1.交流发电机的(　　　)的作用是产生三相交流电。

　　A.转子　　　　　　　　B.定子　　　　　　　　C.硅整流器　　　　　　D.电刷组件

2.在交流发电机中,(　　　)会产生旋转磁场。

　　A.定子线圈　　　　　　B.电刷　　　　　　　　C.转子线圈　　　　　　D.滑环

3.交流发电机中防止蓄电池的反向电流的电器元件为(　　　)。

　　A.电刷　　　　　　　　B.电压调节器　　　　　C.整流器　　　　　　　D.励磁线圈

4.硅整流发电机中性点的电压为直流输出电压的(　　　)。

　　A.1/2　　　　　　　　B.1/3　　　　　　　　C.1/6　　　　　　　　D.1/4

5.交流发电机的整流电路采用(　　　)整流电路。

　　A.三相桥式全波　　　B.单相桥式　　　　　　C.三相半波　　　　　　D.单相半波

6.发电机调节器是通过调整(　　　)来调整发电机电压的。

　　A.发电机的转速　　　　　　　　　　　B.发电机的励磁电流

　　C.发电机的输出电流　　　　　　　　　D.发电机的励磁方式

7.整流器是利用二极管的(　　　)特性把交流电变为直流电的。

　　A.稳压　　　　　　　　B.电阻大　　　　　　　C.单向导电　　　　　　D.功率放大

8.滑环和电刷的作用是把(　　　)接到转子上,另外,滑环与滑环、滑环与转轴之间是(　　　)的。

　　A.励磁电流　　　　　　B.导通　　　　　　　　C.励磁电压　　　　　　D.绝缘

项目七 | 认知电动机

电动机是一种能将电能转换成为机械能的装置。它是一种日常生活中常见的电气化设备。小型电动机在汽车上应用广泛，如汽车起动系统的起动机、电动车窗、电动后视镜、电动座椅、电动雨刮等都使用了电动机。汽车维修人员有必要学习电动机的相关知识。

项目学习任务：

- 测试工具的选用
- 电动机的分类
- 直流电机的结构
- 认知电动机
- 直流电机的工作原理
- 直流电机的铭牌

学习目标：

①会描述电动机的结构和工作原理；

②会辨别电动机的类型；

③会对直流电动机的主要部件进行检测；

④会描述串励式电动机的工作特性。

学习任务 认识与检测电动机

汽车发动机由起动机起动,而直流电动机是起动机的核心组成部分,其作用是产生起动转矩。当起动机不能起动发动机时,有必要对直流电动机进行检测。

【知识准备】

一、电动机原理

通电导线周围产生磁场。将导线位于马蹄形磁铁的磁场中时,两个磁场构成一个总磁场。如图 7-1 所示,导线左边两个磁场的磁力线方向相反,部分磁力线相互抵消,磁场减弱;导线右边两个磁场的磁力线方向相同,磁力线叠加,磁场增强。在磁场力的作用下,导线向左移动。

若将导线制成可旋转的线圈,如图 7-2 所示,则作用在线圈上的磁场力使线圈往水平方向发生偏转,当转到水平位置时,在惯性力的作用下转过水平位置,换向器(整流器)使线圈转过 180° 后电流相反。

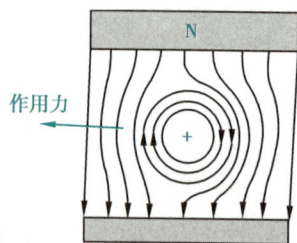

图 7-1 磁场叠加原理

换向器(整流器)始终和电源电刷连接,无论线圈怎么转,线圈上半边电流始终向里,下半边电流始终向外,使得线圈始终保持往同一个方向转动,从而实现持续转动。

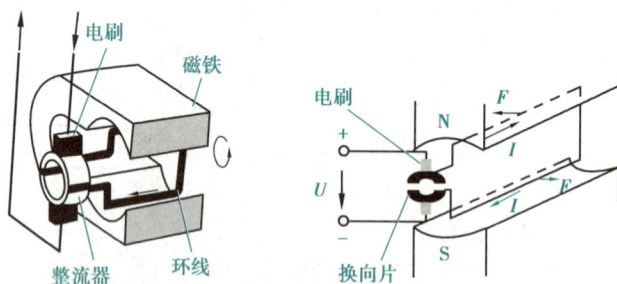

图 7-2 电动机工作原理

二、电动机的分类

电动机按工作电源种类可分为直流电动机和交流电动机。由于汽车上用电设备使用的是直流电源,因此,汽车用的电动机为直流电动机。直流电动机按其磁场产生方式分为永磁式和电磁式。电磁式电动机按励磁方式不同可分为他励直流电动机、串励直流电动机、并励直流电动机和复励直流电动机 4 种。电动机的分类见表 7-1。

表 7-1　电动机的分类

电动机	交流电动机	交流伺服电动机	
		同步电机	
		异步电机	
	直流电动机	电磁式直流电动机	他励
			并励
			串励
			复励
		永磁式直流电动机	

根据励磁绕组与转子线圈的连接关系,电磁式电动机的励磁方式如图 7-3 所示。

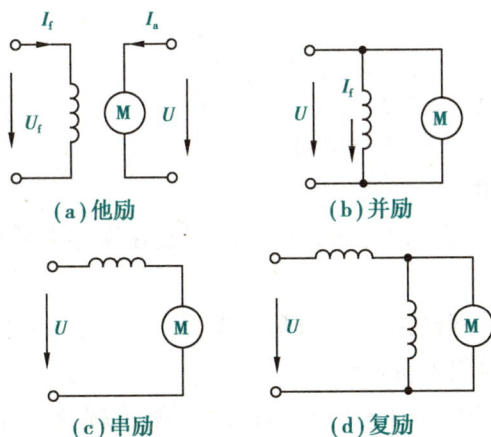

(a)他励　(b)并励

(c)串励　(d)复励

图 7-3　励磁式电动机励磁方式

三、直流电动机的基本结构

从电动机的原理可知,直流电动机基本由定子(磁场)、转子(电枢)等组成,如图 7-4所示。

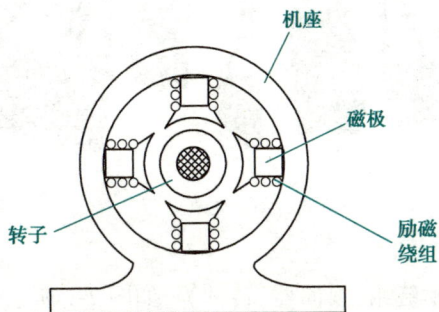

图 7-4　电动机组成示意图

汽车起动机用直流串励式电动机,如图 7-5 所示。

1.定子

机座:主磁极的一部分,是电机的结构框架,主要起支撑和防护作用。一般用厚钢板弯成筒形焊成或铸钢件制成,如图 7-5 所示。

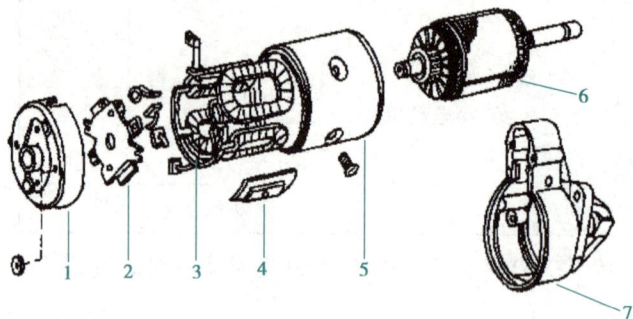

图 7-5　直流电动机的组成

1—端盖;2—电刷;3—磁场绕组;4—磁铁铁芯;

5—机壳;6—电枢;7—后端盖

端盖:起支撑保护作用。

主磁极:用来建立主磁场。由主磁极铁芯和套装在铁芯上的励磁绕组构成,如图 7-5 所示。

主磁极铁芯靠近转子一端的扩大部分称为极靴。它的作用是使气隙磁阻减小,改善主磁极磁场分布,并使励磁绕组容易固定。

电刷装置:电枢电路的引出(或引入)装置,由电刷、刷握、刷杆和连线等部分组成,如图 7-6 所示。

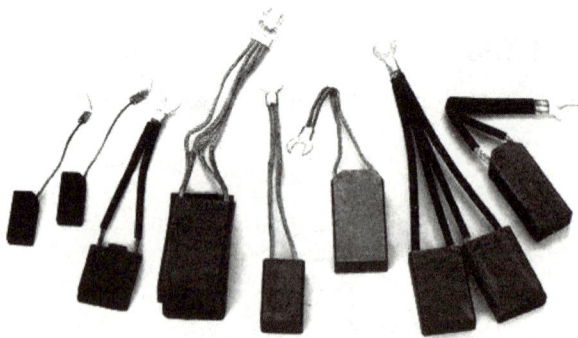

图 7-6　电刷装置

2.转子

转子包括电枢铁芯、电枢绕组、换向器、转轴等,如图 7-7 所示。

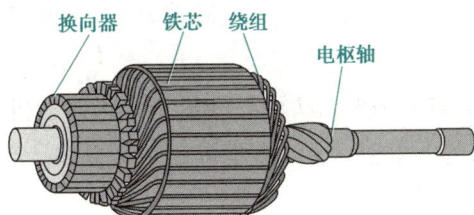

图 7-7　转子

电枢铁芯：主磁路的一部分。电枢绕组支撑部件，一般用厚 0.5 mm 且冲有齿、槽的硅钢片叠压夹紧而成，如图 7-8 所示。

电枢绕组：直流电机的电路部分，也是产生电磁转矩进行机电能量转换的部分。它由一定数目的电枢线圈按一定的规律连接组成，如图 7-9 所示。

线圈用绝缘的圆形或矩形截面的导线绕成，分上下两层嵌放在电枢铁芯槽内，上下层以及线圈与电枢铁芯之间都要妥善地绝缘，并用槽楔压紧。

图 7-8　电枢铁芯

图 7-9　电枢转子

换向器：起逆变作用（在发电机中起整流作用）。许多换向片排成一个圆筒，其间用云母片绝缘，两端再用两个 V 形环夹紧而构成，如图 7-10 所示。

图 7-10　直流电机换向器

四、串励式直流电动机的工作特性

串励电动机的励磁绕组与电枢绕组相串联，电枢电流即为励磁电流。当负载电流较小时，磁路不饱和，主磁通与励磁电流（负载电流）按线性关系变化，即磁通随着电流的增大而增大。当负载电流较大时，磁路趋于饱和，主磁通基本不随电枢电流变化；当负载电流较小时，转速较大；当负载电流增加时，转速快速下降；当负载电流趋于零时，电机转速趋于无穷大。串励电动机不可以空载或在轻载下运行,电磁转矩与负载电流的平方成正比。

1.转矩特性

如图 7-11 所示,转矩 T 与电枢电流 I 的平方成正比。起动机起动瞬间,外界阻力矩较大,起动机处于完全制动状态。转速 $n=0$,电枢电流增大到最大值,转矩也增大到最大值。发动机易于起动。

2.转速特性

转速特性是指电动机的电磁转矩与转速的关系。如图 7-12 所示,输出转矩较大时,电枢电流也较大,电动机的转速随电流的增大而急剧下降;当输出转矩较小时,电动机的转速又随电流的减少而快速上升。

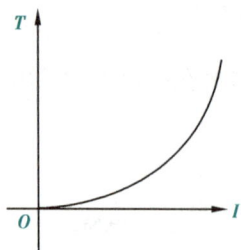

图 7-11　转矩特性

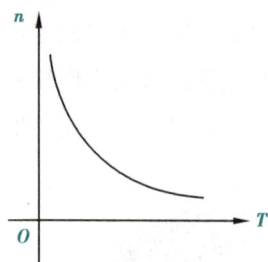

图 7-12　转速特性

【任务实施】

①根据所学知识选择直流电动机需要检测的项目,在对应的□中打"√"。

励磁绕组□　　　电枢绕组□　　　电刷□　　　换向器□　　　端盖□

②选择完成如图 7-13 所示直流电动机元件检测任务所需的工具、仪表,在对应的□中打"√"。

(a)转子　　　　　　(b)励磁绕组　　　　　(c)电刷

图 7-13　直流电动机元件

尖嘴钳□　　一字起子□　　十字起子□　　数字式万用表□　　游标卡尺□
指针式万用表□　　直尺□　　试灯□

③对如图 7-13 所示的元件进行检测,记录检测数据,填入表 7-2。

表 7-2 元件检测

元件名称	检测项目	检查方法	检测结果
励磁绕组	励磁绕组的绝缘检查	用万用表测量励磁绕组和外壳之间的电阻,应为∞,否则为绝缘损坏	
	励磁绕组的断路检查	用万用表两触针分别与励磁绕组的两端接触,测量电阻值。如果读数为∞,则说明断路;如果读数为0,则说明短路	
换向器	换向器外径	使用游标卡尺测量换向器外径并读数	
电枢绕组	电枢绕组的绝缘检查	用万用表测量换向器和铁芯(或电枢轴)之间的电阻,应为∞,否则为绝缘损坏	
	电枢绕组的断路检查	目测电枢绕组的导线是否甩出或脱焊,再用万用表两触针依次与两相邻换向器铜片接触,所测电阻值应一样。如果读数不一样,则说明断路	

★小提示

电枢绕组搭铁的检查也可用试灯法检查,灯亮表示搭铁故障。在用万用表、卡尺进行检测的过程中要认真仔细,避免由于人为因素所造成的误差。

【任务评价】

请完成表 7-3 的评价项目。

表 7-3 学习任务评价表

评价内容	记录要点
在本次学习任务中,你主要学到了哪些知识与技能	电枢绕组断路的检查□ 维修工具的选用□ 换向器外径测量□ 游标卡尺的使用□ 数字万用表的使用□ 电枢绕组搭铁的检查□ 数据记录□ 结果判断□
在本次学习中主要还存在什么问题	
在起动机装复的过程中,应注意什么	
在学习过程中,你做了哪些安全操作?请举例	

【任务拓展】

直流电机的铭牌

1.型号

型号包含电机的系列、机座号、铁芯长度、设计次数、极数等,如图 7-14 所示。

例 1:ZLD250/145-12:

    ZLD 表示直流冶金用电动机系列。

    250 表示机座号,即电枢外径是 250 cm。

    145 表示铁芯长度,即铁芯长度是 145 cm。

    12 表示电动机为 12 极。

例 2:Z2-82:

    Z2 表示工业用普通直流电机第二次改型系列。

    8 表示 8 号机座,即电枢直径为 24.5 cm。

    2 表示 2 号铁芯长度,即铁芯长度为 18 cm。

直流电动机				
型号		励磁方式		
容量	kW	励磁电压	V	
电压	V	定额		
电流	A	绝缘等级		
转速	r/min	质量	kg	
技术条件		出厂日期		
出厂编号		励磁电流	A	
× × ×电机厂				

图 7-14　直流电动机铭牌

2.额定值

(1)额定功率 P_N

额定功率是指电机在铭牌规定的额定状态下运行时电机的输出功率,单位为 W。

①对于直流发电机,P_N 是指输出的电功率,它等于额定电压和额定电流的乘积。

$$P_N = U_N I_N$$

②对于直流电动机,P_N 是指输出的机械功率,公式中还应有效率 η_N 存在。

$$P_N = U_N I_N \eta_N$$

(2)额定电压 U_N

额定电压是指额定状态下电枢出线端的电压,单位为 V。

(3)额定电流 I_N

额定电流是指电机在额定电压、额定功率时的电枢电流值,单位为 A。

（4）额定转速 n_N

额定转速是指额定状态下运行时转子的转速，单位为 r/min。

（5）额定励磁电流 I_{fN}

额定励磁电流是指电机在额定状态时的励磁电流值。

（6）额定励磁电压 U_{fN}

额定励磁电压是指励磁绕组供电的电压值，一般有 110 V、220 V 等，单位为 V。

（7）额定温升 τ_M

额定温升是指电机在额定工况下运行时电机所允许的工作温度减去绕组环境温度的数值，单位为 K。

（8）绝缘等级

绝缘等级是指直流机制造时所用绝缘材料的耐热等级，一般有 B 级、F 级、H 级、C 级。

【任务测试】

一、填空题

1. 直流电动机按励磁方式可分为＿＿＿＿＿＿和＿＿＿＿＿＿两大类。

2. 直流电动机主要由 ＿＿＿＿＿＿、＿＿＿＿＿＿、＿＿＿＿＿＿及 ＿＿＿＿＿＿、＿＿＿＿＿＿等组成。

3. 如图 7-15 所示，当闭合开关后，若导体 AB 向左运动：

（1）如果仅将两磁极对调位置，导线 AB 将向＿＿＿＿＿＿运动。

（2）如果磁极位置不变，仅改变 AB 中的电流方向，导线 AB 将向＿＿＿＿＿＿运动。

（3）如果同时对调磁极位置和改变电流方向，导线 AB 将向＿＿＿＿＿＿运动。

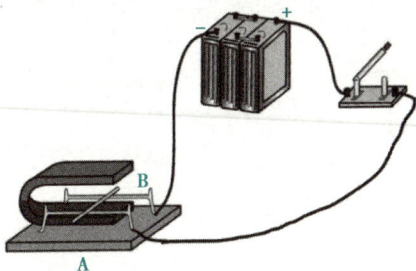

图 7-15

二、选择题

直流电动机换向器的作用是(　　　)。

A. 改变线圈的转动方向　　　　　B. 改变线圈中的电流方向

C. 改变磁感线的方向　　　　　　D. 以上作用同时存在

项目八 | 搭建典型的汽车电路

电器设备在汽车上应用广泛。汽车电器设备系统的故障诊断与维修,要求维修人员对控制电路非常熟悉。汽车电器设备电路都是由简单电路构成,包含电源、控制开关、用电设备等部分。电器设备电路的设计和控制来源于电器设备的使用要求。本项目针对汽车上常用电器设备的使用情况进行电路的设计与搭建,为将来识读汽车电器设备电路图打下坚实的基础。

项目学习任务:

- 汽车制动灯、喇叭电路的制作
- 带有继电器控制的典型汽车电路的搭建
- 搭建典型的汽车电路
- 汽车电气设备电路的典型特点
- 典型汽车电气设备电路图的识读

学习目标:

①能识读和分析带有继电器控制的基本电路图;

②能设计和搭建带有继电器控制的简单汽车用电设备灯光、喇叭电路;

③能用试灯检测简单电路的故障。

学习任务 搭建汽车制动灯、前照灯、喇叭电路

汽车上的用电设备都是根据实际使用要求来配置的。合理的电路设计能提高汽车电器的使用性能,同时还能节约维修成本。学会汽车电路的设计和搭建有利于识读和维修汽车电气设备的电路。

【知识准备】

一、汽车电器设备电路的特点

1.低压直流,并联连接

汽车上电器设备很多,但所有电器设备所用电源均为 12 V 或 24 V 的低压直流电,并采用并联连接。对于并联电路,可以在分支之前用一根保险丝或每一支路各用一根保险丝,如图 8-1 所示。

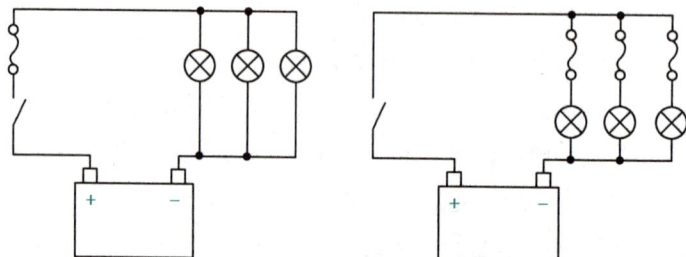

图 8-1 并联连接

2.负极搭铁

汽车上所有电器设备的负极均与汽车车身进行搭铁连接,如图 8-2 所示,蓄电池和用电设备均采用负极搭铁。由于车身相当于一条连接线,因此,汽车的用电设备连接也称为并联单线。

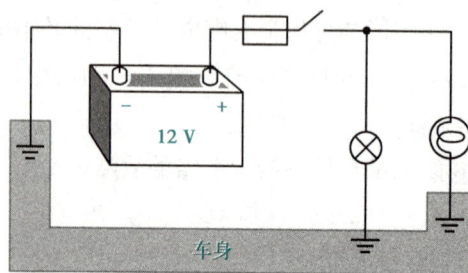

图 8-2 负极搭铁

二、典型电路的识读

1.基本电路

汽车上的电器设备电路包含电源、控制开关、用电器三要素。如图8-3所示为汽车喇叭电路图,闭合点火开关,按下喇叭按钮,喇叭就会响。

2.带保护装置的电路

在如图8-3所示电路中,喇叭按钮与喇叭串联,流经喇叭按钮电流与喇叭相同,由于喇叭电流比较大,因此流经按钮的电流也比较大。为了避免喇叭按钮在结合和断开时产生的电火花烧坏按钮,一般

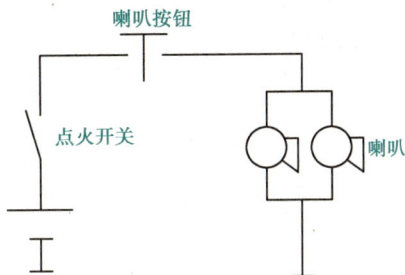

图 8-3 喇叭电路图

电路中还会根据需要适当增加保险丝、继电器等辅助设备来加以保护,如图8-4所示。

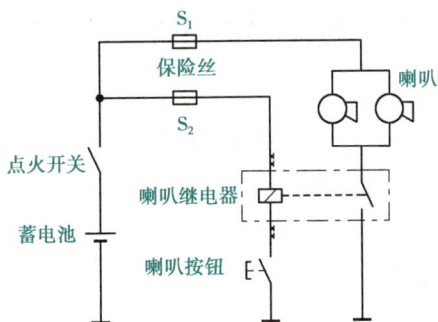

图 8-4 带继电器的喇叭电路图

从图8-4电路可知,点火开关闭合,按下喇叭按钮,电流分两路:

控制电路:蓄电池—点火开关—保险丝 S_2—喇叭继电器线圈—喇叭按钮—搭铁。

喇叭电路:蓄电池—点火开关—保险丝 S_1—喇叭—喇叭继电器触点—搭铁。

流经喇叭的大电流不流经喇叭按钮,从而保护了喇叭按钮。

【任务实施】

①读如图8-5所示车窗玻璃除霜电路图,简述车窗玻璃的除霜原理。

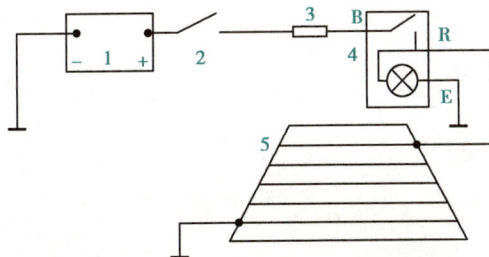

图 8-5 车窗玻璃除霜电路图

1—蓄电池;2—点火开关;3—保险丝;4—除霜开关及指示灯;5—除霜器(电热丝)

②汽车遇到紧急情况需要刹车,为了给后面车辆一个制动信号,提高行车的安全性,在汽车尾部左右都安装有制动灯。请根据以上使用情况,结合所学的知识,设计并制作一个制动灯电路。

a.绘制电路图:

b.根据绘制的电路图进行电路搭建。是否完成:是□　否□

c.检查并评价搭建的电路。

能否实现功能要求:能□　否□

搭建的电路有什么优点及改进的地方(记录):

③汽车前照灯(也称大灯)是汽车必不可少的照明设备,请运用所学的知识,给汽车前照灯的近光灯设计一个电路。设计说明:汽车大灯只有在打开点火开关和车灯开关的时候才会亮。远光灯和近光灯的切换是由变光开关来实施的。希望变光开关有继电器保护。

a.绘制电路图:

b.根据绘制的电路图进行电路搭建。是否完成:是□　否□

c.检查并评价搭建的电路。

能否实现功能要求:能□　否□

搭建的电路有什么优点及改进的地方(记录):

④搭建一个带有三插脚继电器控制的汽车喇叭电路。

a.绘制电路图:

b.能否实现功能要求:能□　否□

c.搭建的电路有什么优点及改进的地方(记录):

d.若喇叭不响,用试灯检查电路的故障点。

【任务评价】

请完成表 8-1 的评价项目。

表 8-1　学习任务评价表

评价内容	记录要点
在本次学习任务中,你主要学到了哪些知识与技能	识读除霜电路图□　设计制动灯电路□　搭建制动灯电路□ 设计近光灯电路□　搭建近光灯电路□　设计喇叭电路□ 搭建喇叭电路□　试灯检测电路□
在本次学习中主要还存在什么问题	
汽车电气设备的电路有什么特点	
继电器的作用是什么	
在学习过程中,你做了哪些安全操作?请举例	

【任务拓展】

①识读如图 8-6 所示的丰田卡罗拉起动系统电路图,试分析其工作原理。

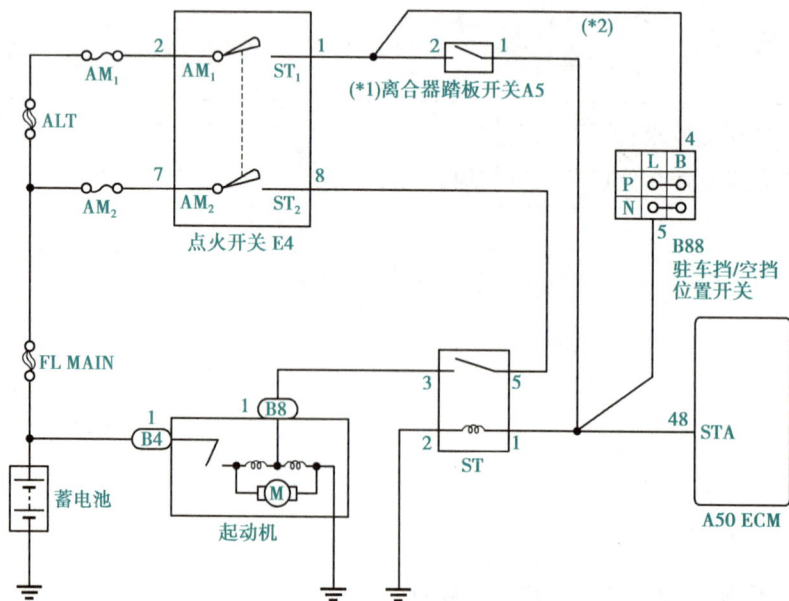

图 8-6　丰田卡罗拉起动系统电路图

②识读如图 8-7 所示的点火系统工作原理图,试分析其工作原理。

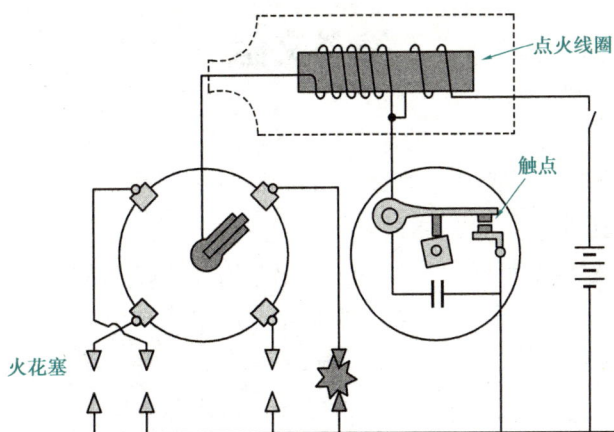

图 8-7 点火系统工作原理图

★**小提示**

点火线圈由初级绕组和次级绕组组成,能感应产生高压电。

参考文献

[1] 黄余平.汽车电系检修图册[M].2 版.北京:人民交通出版社,2008.

[2] 杨少光.电工基础[M].广州:广东高等教育出版社,2005.

[3] 华成英,董诗白.模拟电子技术基础[M].北京:高教出版社,2012.

[4] 侯丽春.汽车电工电子技术[M].北京:机械工业出版社,2016.

[5] 王宝根.汽车电工电子技术应用[M].上海:复旦大学出版社,2007.